厦门大学新媒体丛书

# 中国微博活跃用户
# 研究报告

视频　文字　图片　音乐　林升栋▶编著

厦门大学出版社

XIAMEN UNIVERSITY PRESS

国家一级出版社
全国百佳图书出版单位

**图书在版编目(CIP)数据**

中国微博活跃用户研究报告/林升栋编著. —厦门:厦门大学出版社,2014.4
(厦门大学新媒体丛书)
ISBN 978-7-5615-5003-8

Ⅰ.①中…　Ⅱ.①林…　Ⅲ.①互联网络-传播媒介-研究报告-中国
Ⅳ.①G206.2

中国版本图书馆 CIP 数据核字(2014)第 069064 号

厦门大学出版社出版发行

(地址:厦门市软件园二期望海路 39 号　邮编:361008)

http://www.xmupress.com

xmup@xmupress.com

厦门集大印刷厂印刷

2014 年 4 月第 1 版　2014 年 4 月第 1 次印刷

开本:720×970　1/16　印张:9.75　插页:1

字数:165 千字　印数:1～2 000 册

定价:30.00 元

本书如有印装质量问题请直接寄承印厂调换

# 自 序

　　2012年年底,"第二届新浪高校微博协会周年峰会暨中国高校社团与新媒体结合高峰论坛&教育盛典",好长的一个会议名称,邀请我在北京做了一个简短的报告——《新媒体时代的人才需求——数据分析师》。期间我毫不掩饰地宣称,数据分析师将是21世纪最贵的人才。在超市、银行业、航空业、酒店业、通信业等传统行业之后,电子商务、社交媒体都表现出对数据分析人员的强烈需求。但目前国内项目数据分析领域的考核太注重对分析人员的技术要求,忽略了行为科学的重要性——不仅数据分析结果的解读需要借助行为科学,数据如何分析也需要行为科学的指引,决策时间有限的情况下,更不能东一锄头西一锒头地"乱刨"数据。看到与人相关的一连串单独的数据后,"还原"出一个"鲜活人",这种能力恰是最难且最缺乏的。

　　在大数据时代,中小样本的研究为很多团队和专家所忽略,本书研究的微博活跃样本却是随机抽取的中小样本。我的一位同事,质疑这一研究跟传统的抽样研究并无不同,或者在他眼里,

大数据时代的研究似乎必须以"大而全"来彰显意义与价值。微博上也有人吐槽,业界有些部门负责人在大数据侦测指标还未确立的情况下,要求自己的团队不准做小样本研究。然而,北京大学的刘德寰教授却坚持认为大数据挖掘有风险:计算速度;大数据得出的假规律;断裂数据;缺失数据等。相当一部分数据分析师的现有工作是通过中小数据进行数据的解读与建模工作。在某些阶段,小样本研究通过解剖麻雀式的分析,可能挖掘出许多有价值的信息,为大数据分析提供方向和基础。

新浪博客上有个叫 fangmonk 的博主,写了一篇博文《和 90 后 mm 聊夜店生态圈》(http://blog. sina. com. cn/s/blog_537809c30101eobc. html),话题从淘宝假豪车钥匙开始,博主说某些屌丝在淘宝上买假名车钥匙,冒充高富帅去夜店泡 mm。这位 90 后的 mm 说博主胡编,假钥匙的重量、材质无法达到以假乱真的程度。而且,即使假钥匙的仿真度很高,仍可通过戴的名表、点酒的数量(高富帅一点都是一排酒,没钱可撑不了这个场面)、银行卡的颜色和号码等来判断。当博主感叹夜店的学问也这么多时,这位 90 后 mm 回答"每天我要花很多时间了解品牌的潮流,要了解时尚服饰、汽车、手表、金融,要懂得时间管理,投入产出分析,要懂一些心理学……",雷到我了。不管是大数据,还是小样本,我们难道不都在追求数据背后的意义与应用价值么?

从数据中挖掘出金子的故事很多,最广为流传的,莫过于沃尔玛的啤酒和尿片了。沃尔玛的分析人员发现在下午的某个时段里,消费者常常一起购买啤酒和尿片,他们通过观察和走访了解到,在美国有孩子的家庭中,太太经常嘱咐丈夫下班后要为孩子买尿片,丈夫们在买尿片时又顺手带回自己钟爱的啤酒,啤酒和尿片两个风牛马不相及的物品就这样走在一起。沃尔玛的工作人员因此决定将啤酒和尿片摆在一起,以方便顾客购买。2004 年天气预报飓风伊万将袭击美国佛罗里达州,沃尔玛早已在飓风途经地区的超市大量配送甜脆饼,他们根据以往的销售数据发现飓风后人们急需甜脆饼。前几个月,互联网上流传的另一个故事,美国一名父亲投诉一家超市,称他17岁的女儿收到婴儿尿片和童车的优惠券。之后这个愤怒的父亲发现女儿的确怀孕了,据说超市的促销源于对他女儿facebook日志的分析。

有人说,在大数据时代,数据之间的相关关系足够说明问题。我个人也赞同此说,但我仍坚持在相关的基础上应尽力探求,至少去推测因果关系。举个例子来说,一个小孩在长高,一株小树也在长高,二者之间有相关关系,但没有因果关系。数据分析人员将很多人口统计变量和行为变量放在一起求相关,就好比在河边放了很多根鱼杆,当你放100条鱼杆的时候,总有几支鱼杆会钓到鱼,这完全可能是偶然的。当人们知其然,而且也知其所以然时,不仅决策会更有底气,应运而生的方案也更贴近人性需求。运用小样本数据来探索因果关系是比较经济可行的。

我曾经给某地区移动授课,指导他们对一个小样本客户群进行解剖麻雀式的分析。每个移动用户的数据都包含着丰富的内容:人口统计方面的资料、通话时间、通话时长、主叫/被叫、彩信使用、短信数量、漫游、移动上网、投诉等。这些数据,除了可以分析用户的通话行为模式外,甚至可以用于推测用户的性格与职业。举例来说,如果该用户被叫时聊得比较长,主叫时比较短,通常一分钟就结束了,我们可以推断该用户比较节俭;如果该用户在每年9月10号都收到大量短信,我们可以推测其职业是教师;如果一个人在节假日收到的短信条数很多且远多于他发出的短信,说明该用户有较高的社会地位。随着国内大量模拟电视转换成数字电视,也产生大量收视数据流。这些数据流不仅可以用于确定每个家庭喜欢收看的节目,也可以根据用户的收视行为来推送一些广告。有些用户可能晚上10点关了电视睡觉,但在凌晨两三点重新开机,说明这些用户睡眠不佳,或许可以在法律允许的情况下推送安眠药片的广告信息。

2013年4月《财经国家周刊》上的一篇文章声称,每个月facebook上分享的内容达30亿条,twitter每天产生12TB的信息。在中国,数亿用户在新浪微博上制造了大量数据,峰值数字是每分钟73万条数据,这些数据近 80％是由个人用户产生的。社交媒体用户喜欢在网上分享自己的喜好，晒幸福，分享自己的购物行为，甚至像郭美美那样炫富。及时捕捉这些数据，就意味着你将更了解用户需要，因而能提供更好的用户/顾客体验。这些数据庞大、繁多、复杂，尽可深入挖掘，进行深刻洞察，很多人迷信技术，认为技术可以解决一切问题，我个人对此存疑，尽管我相信算法模型力量强大，但社交媒体上的数据大量是非结构性的，包括视频、语音和图片等，即使是单纯的文字，读起来依然仁者见仁、智者见智。

社交媒体日复一日累积个人的轨迹，记录并展现一个个真实的自我。很多时候，庞大数据就像一个麻乱的大线团，只有找出线头，拎出一个个的网络人格，才能清晰地再现出一个个鲜活的自我，我相信，小样本数据的深度解读有助于这一"再现"。基于这一信念，我们对中国微博活跃用户在日志上表现出来的生活形态进行深入定性的解读，结合肉眼判断与结构化数据两种方法，尝试描摹微博活跃用户不同细分人群的特征。

本书分三个层次（篇）展开。

第一篇是"微博活跃用户群体研究"，通过抽样的方式，从新浪微博上抓取 2400 多个活跃用户，结合微博风云的数据以及 200 多个用户日志的定性解读，对中国微博活跃用户进行分群及生活形态描摹。这是我指导宋玉蓉、梁玉麒、赵成栋、高尚、翁路易五位研究生共同完成的大型研究报告，其中第三节"基于个人影响力的分群描摹"主要由梁玉麒同学撰写，第四节"基于使用动机的分群描摹"主要由宋玉蓉同学撰写，第五节"基于发布微博时间的分群描摹"主要由赵成栋同学撰写，第六节"基于网络身份识别的分群描摹"主要由高尚同学撰写，第七节"人口统计差异与极端值个体用户研究"主要由翁路易、高尚同学撰写。

第二篇是"奢侈品微博活跃粉丝群研究"，在 LV、GUCCI 等六大奢侈品品牌官微中随机抓取约 200 个活跃用户，采用同样的方式进行解读，该部分文章由我指导的研究生李光媛的硕士毕业论文修改而成。

第三篇是"杜蕾斯官方微博活跃粉丝群研究"，通过非随机抓取的方式获得 200 多个活跃用户，该部分文章的基础是由我指导的本科生欧阳张蓓（组长）、吴蓉蓉、夏英英、高山晶、邵舒、刘雅梦、李新宇、李睿和李昕霖的一份课堂期末作业。

三个层次，从大的群体，到某一种特殊消费品的粉丝群体，这个群体拥有强大的购买力，再到某一个企业官微的粉丝群体分析与管理，层层展现小样本分析的魅力。本书锁定"活跃用户"，是因为在社交媒体上如果不"发声"或者不"上来"，我们就无法入手研究。每种媒体都拥有特定的受众群，只有活跃用户，才有较高的传播价值与商业价值。

与各种机构发布的报告不同，我们更注重意义的捕捉与商业应用的思考，而不仅仅是描述数据统计结果。举例来说，微博上经常更换头像的用户，可能很关注其公众形象；经常@别人，该用户可能期待得到别人的回应，被经常@的人可能跟该用户有密切的联系；被@较多的人，可能是一个圈子中有影响力的人物；经常转发中奖促销信息的用户，比较相信小概率事件，现实生活中可能也会购买体育彩票；提供较详细个人信息的用户，隐私保护的观念不强；经常发布自拍照的人，可能比较自恋；关注对象中明星比率较高的人，易受名人代言的影响；关注特别多而粉丝很少的用户，很可能是僵尸粉；关注很少而粉丝众多的，通常是明星；主要采用移动终端来发布微博的用户，其生活形态与采用 PC 终端发布的用户有较大差别；等等。我们设定了远大的目标，尽管因为时间、财力、人力各方面的局限，现有的研究成果还有诸多局限。我将这两年来的积累汇总出版，抛砖引玉，旨在引起更多的关注与探讨。

在这里，我还要特别声明，无论何种研究和商业行为，都要注重保护用户的隐私。我在学校里讲授"顾客关系管理"（Customer Relationship Management）课程，这门课很依赖于客户信息的搜集。很多好东西传到中国后都走了样，小区物业管理的人员将住户信息卖给外面的二手房公司，然后每天我们都会收到很多骚扰电话，不厌其烦地询问是否要出租或出售。甚者，顾客的信息在未经顾客本人许可的情况下被数度转卖。更致命的是,获取数据的公司根本不会用脑袋去思考数据中蕴藏的意义,他们宁可聘来一些业务员将所有的手机号都拨通一遍,重复着那些毫无创意的说辞,期待着万分之一的顾客会上钩。这种做法已经相当普遍,严重扰乱顾客的生活,引起普遍的反感。在大数据时代,我们更应当尊重顾客,慎用数据,悄悄地去"猜"顾客的心,给顾客惊喜,不动声色地改善顾客体验。

林升栋

2013 年 8 月 10 日

# 目 录

第**1**篇

微博活跃用户群体研究

## 第一节　研究背景

Web3.0 来临,脸书(facebook)、推特(twitter)、博客、视频、照片分享及 LBS[①] 类社交网站等自媒体(we media)平台[②]和社交媒体放大了受众的声量并促进社会交往,使受众与媒介的互动发生质变。近年来,社交媒体用户爆炸性增长,社交媒体逐渐成为欧美学者研究的热点。在中国,网民 40% 的上网时间花在社交媒体上,登录主流社交媒体已经成为许多网民日常生活不可或缺的一部分。了解中国的社交媒体用户极为重要:中国社交媒体市场规模超过美国,全球最大;中国的社交媒体用户极为活跃,社交意愿强烈,80% 以上的用户拥有多个社交媒体账户,日本只有 39% 的用户拥有多个账户;中国大多数用户只在本土社交媒体上注册,形成相对独立的庞大用户群。[③] 相较于网民整体,社交媒体用户更年轻,受过更好的教育且收入更高。无论就用户数量而言还是就质量而言,社交媒体用户群均有重要的研究价值。

中国目前主流社交媒体中,微博发展最为成熟,使用频率高,覆盖率高于其他类型社交媒体。据 CNNIC 的报告,截止 2012 年,中国微博用户数已超过 3 亿,19 岁及以上的微博用户占中国互联网用户的 88.81%,且近七成用户仅拥有一个微博账号,用户黏着度高,微博成为网民重要的信息获取渠道。[④] 从用户增长速度来看,微博用户的增长率在 2011 年上半年达到高峰,2012 年 6 月底,其在网民中的渗透率已过半(50.9%),用户规

---

① LBS=location-based services,基于位置的服务。

② Shayne Bowman & Chris Willis. *We media：How audiences are shaping the future of news and information*. The Media Center at The American Press Institute,2003.

③ Cindy Chiu,Chris Ip & Ari Silverman. *Understanding social media in China*. McKinsey Quarterly,2012(2)：78～81.

④ 中国互联网数据中心(DCCI).2012 中国微博蓝皮书.2013.

模已进入平稳增长期,手机端微博用户的增长幅度仍然强劲。① 2012 年,AC 尼尔森通过在线消费者调查②年龄大于 10 岁的中国主流社交媒体用户,发现:微博触达 97% 的主流社交媒体使用者;占总体 17% 的重量级在线消费者,他们的网购花费占总网购额约一半,他们中有近八成人同时使用微博和 SNS;新浪微博在各级城市的覆盖率超过腾讯微博、人人网,绝对优势超过开心网、网易微博、搜狐微博及豆瓣。同年,Hitwise 发布全年用户上网总时间统计,新浪微博位列第三,成为用户登陆时长最长的社交网络平台。③ 在 2011 年年底,新浪微博用户日均使用时长达 1 小时。④ 按总浏览时间计算,新浪微博占微博市场 87% 的份额。⑤ 新浪微博在社交媒体中(甚至网络平台中)位于核心地位,这毋庸置疑。本书选择新浪微博为社交媒体代表,采用样本抽样的方式,对其活跃用户群体进行深入研究。

对微博用户群体的研究,多将之视为整体,比较粗糙;或独立研究某一细分群体,比较零散。对一个新媒体用户群进行深入的研究,首先要将其进行系统分群,"物以类聚,人以群分",对各细分用户群的轮廓描述与洞察,不仅有助于社交媒体的传播管理,还为广告商的精准营销奠定了理论基础和方法基础。目前,尽管业界有研究者采用网络调查的方式,或者采用个别的微博指标,对微博用户进行分群,但大多数研究仍沿用传统媒体用户研究的思路来细分新媒体用户。以往的用户研究常通过问卷调查的方式,借助用户"显性特征"(即人口统计特征,如年龄、性别等),辅以"隐性特征"(如人格、价值观等)来描述细分群体的轮廓。这种调查的可靠性有

① 中国互联网络信息中心(CNNIC). 中国互联网络发展状况统计报告. 2012.
② 尼尔森. 中国社交媒体受访用户研究报告. 2012.
③ 199IT 中文互联网数据资讯中心. 2012 年新浪微博数据－数据信息图. 2013-02-20. http://www.199it.com/archives/95537. html.
④ Techweb. 新浪微博称用户日均使用时间达 1 小时. 2011-12-19. http://www.techweb.com.cn/data/2011-12-19/1132469. shtml.
⑤ I美股. 未来资产发布《新浪微博研究报告》. 2011-01-28. http://news. imeigu. com/a/1296195686757. html.

赖于受访者的主观估计、记忆与判断。而在微博等社交媒体上,用户的"隐性特征"更为重要,"显性特征"反而沦为辅变量。微博用户愿意在网上"晒"幸福、生活及各种观点,这为我们深入了解用户的价值观与生活方式提供了角度。要在社交媒体研究上取得成功,就要准确解读用户的"隐性特征"。借用网络技术,可以精确获取用户使用行为的数据流,但对其的质化解读还有待努力。本文结合微博风云工具对每个微博用户进行量化分析,花费大量人力对抽样用户的微博日志进行主观式解读与讨论,从而全面深入地了解微博用户各类族群的生活形态。

社交媒体吸引了广告商的广泛关注,正成为他们的新战场。全球最大的广告主宝洁,其首席执行官 McDonald 对华尔街的分析师说,宝洁想要精准的广告预算,从这些年看,Facebook 与谷歌的广告效果要比传统媒体的好,但宝洁现在的广告费却大多用在传统媒体上。[1] 美国口碑营销协会将社交媒体理解为"网络口碑活动",将其看作实现口碑影响的引擎或工具集。[2] 社交媒体用户规模庞大,广告商偏爱那些收入较高且不排斥广告的用户群。麦肯锡一项针对 5 700 名中国互联网用户的调研发现,不同的社交媒体确实吸引不同类型的用户:喜欢新浪微博的消费者大多收入较高,其月收入在 8 000 元(约 1 300 美元)以上,多数人居住在一线城市。[3]《2012年新浪微博用户发展报告》(有效样本量达 10.1 万)显示,新浪微博国内用户量,广东、北京、江苏排名前三,三地均为中国经济最发达的地区,且总体不排斥广告的比例超过 76%。[4] 对广告商而言,对新浪微博用户群的研究

---

① 新浪财经. 宝洁发现 Facebook 可免费打广告  将裁员 1600 人. 2012-01-31. http://finance. sina. com. cn/stock/ usstock/c/20120131/093711279233. shtml.

② Word of Mouth Marketing Association. *WOMMA Guidebook*. 2013. http://www. womma. org/resources/Online-resources.

③ Cindy Chiu,Davis Lin & Ari Silverman. *China's social-media boom*. McKinsey & Company,2012.

④ 新浪公司、北京大学市场与媒介研究中心、第一象限公司. 2012 年新浪微博用户发展报告. 2012.

也有重要的意义。

　　然而,社交媒体上分布着大量的非活跃用户和"僵尸粉",对广告商的运营来说,这些都是无效的群体。《华尔街日报》报道,香港大学2012年进行了一项研究,抽取约30 000名用户组成的随机样本,57％的研究对象在调查期间未发过微博,这说明,其若不是"非活跃用户",就是"僵尸账户"(即营销机构为真实账户操纵关注者数量而创建的账户)。该研究还表明,只有约3 000万用户一周内会发一篇原创帖。据新浪微博官方统计,截止2011年,日活跃用户有4 620万人,换言之,用户中"非活粉"或"僵尸粉"的比例不低。研究这两类粉丝的价值不大,也不适合于本书所用的日志分析法,因此本书只研究新浪微博的活跃粉丝。法国研究公司Semiocast将Twitter(与新浪微博功能相近)的活跃用户定义为:在为期三个月的时间内发过信息、关注过另外一位用户或改变过头像的用户。[1] 使用日志研究方法,要求对象用户每天都写大量日志,这才有分析和研究的价值,所以本书所谓的活跃粉丝,标准更高。

　　目前,国内对微博用户进行分群研究的主要是业界人士。麦肯锡针对中国社交媒体用户使用动机和行为分析,认为四类人群较有营销价值:热衷社交型(约占15％,以经营友谊人脉为主)、积极转发型(占15％,原创率极低,但积极转发如笑话等,通常粉丝极多)、安静阅读型(占14％,一般浏览不发表意见)、发表意见型(约占14％,热衷发布个人看法,往往观点强烈,被转发量巨大)。[2] 新浪与CIC合作的《微博白皮书》用标签将用户兴趣分为三类——娱乐八卦(年轻男女)、情感生活(成年女性)及务实信息(年长男女,尤其男性)。[3] 该研究发现,不同人口统计特征的人群在新浪微博上的行为方式不尽相同:30岁以下用户是最主要的参与者与跟随者,

　　① Mozur & Paul. *How Many People Really Use Sina Weibo*. Wall Street Journal,2012.

　　② Cindy Chiu,Davis Lin & Ari Silverman. *China's social-media boom*. McKinsey & Company. 2012.

　　③ CIC、新浪. CIC·新浪合作微博白皮书—微博引领的中国社会化商业发展与变革. 2012.

以转发、评论、收发私信为主;31~45岁用户以搜索感兴趣的人或话题为主;46岁以上用户则属于围观者,较多通过增加对他人的关注获取资讯。如前文所述,这些分群在研究方法上仍沿用传统的问卷调查,侧重从性别、年龄等人口统计特征来划分,对用户隐性特征的挖掘仍然较粗浅。

也有学界、业界人士从某个或某几个群体在微博上的日志分析入手研究。群邑智库联合 CIC 对比"独生代"中的 80 后、90 后在新浪微博中的行为,发现两类群体在消费形态的差异与消费态度上的相似:前者注重个性与品质、享受生活、超前消费;后者属主动型消费者,颇具消费潜力和影响力;两者均喜爱购物,了解各行业的领先品牌。[1] 他们对用户微博内容进行分析,由于人力所限,分析较浅,且结果局限于两类群体。盛宇以学术类用户这一特定领域为例,完善微博用户的特征指标体系,指出,现有研究集中关注用户显性指标而忽略更稳定的隐性指标。[2] 黄京华、赵晓初、钟活灵对 90 后大学生自陈问卷进行数据分析,采用探索性因子分析方法建构不同指向的网络认知指标(情感、社交及工具指向),据此应用聚类分析将 90 后大学生细分为四种不同类型的网络使用人群。[3] 综上所述,目前不管是业界还是学界,尚未有人花费大量人力对微博用户的隐性特征深入挖掘,将之与显性特征联结起来,对新浪微博的活跃用户群整体进行系统的分群研究。

### 第二节　抽样及分析方法

本篇通过对"新浪微博的活跃用户"分层抽样获得 2 452 个样本(纳入

---

[1]　CIC、群邑智库.中国 80 后 90 后网论观察白皮书.2011.

[2]　盛宇.微博特定领域用户外在特征研究——以新浪微博学术类用户为例.情报杂志.2012(12).

[3]　黄京华、赵晓初、钟活灵.九零后大学生的网络认知定势对其微博应用的影响.现代传播,2012(4).

分群的有效样本数为2 379,有效率达97%),辅以人工识别,有效避免程序抓取无法辨别的僵尸用户及重复样本的偏差,以与被访者个人影响力相关的微博变量为分类基础,进行分群探索研究。此外,为了对微博用户个人日志进行深入解读,本篇进一步抽取日均原创微博数大于3的重度使用者(250个样本,占总体10%),对他们近两个月的微博内容进行分析,以深入了解各类族群的隐性特征。研究程序与内容也主要分成大样本(2 452个)与小样本(250个)两部分。

**一、抽样方法与样本说明**

1. 大样本抽样

本研究以"新浪微博活跃个人用户"为抽样总体,通过在新浪微博主页的实时微博滚动栏目"大家正在说"[①],对总体按规定抽样时刻表进行"分层抽样",截图保留并记录所截取的4~6个用户名,搜索后获取其永久性微博地址。

根据新浪微博用户在各个时间段发布微博的密集程度,将一天24个小时分为3个时段,对每个时段抽取的各个时间点进行随机控制,每日合计86个抽样时刻(精确到秒,分秒数按随机数码表生成),持续抽样一周(2012年4月的某一周),共602个抽样时刻(表1-2-1)。初步采集到3 031个样本,剔除企业、组织机构、僵尸用户及重复抽取样本,共保留2 452个样本。

表 1-2-1　抽样时刻概况

| 时段 | 时间 | 抽样时刻数/小时 | 总样本数 |
|---|---|---|---|
| 1 | 00：00—08：00 | 1 | 8 |
| 2 | 08：00—18：00 | 6 | 60 |
| 3 | 18：00—24：00 | 3 | 18 |

① 该栏目2012年存在,2013年新浪微博首页改版后取消。

## 2. 小样本获得

在大样本基础上,通过条件抽样获得的新浪微博重度使用者(条件为,每日平均微博数×原创率≥3)作为微博日志内容分析的小样本,共 336 个,剔除编码时账号异常者,有效数为 250(占大样本总体 10%)。

## 二、研究变量与数据采集

### 1. 大样本统计条目

根据用户基本信息、人口统计资料、微博使用痕迹、关注对象与粉丝情况、发布微博终端与时间这五大类目编订了 88 个统计量条目(表 1-2-2),基本涵盖新浪微博用户的全部公开信息,所有信息来自新浪微博用户资料和微博风云(http://www.tfengyun.com/)等官方开放平台。

表 1-2-2　大样本统计条目说明

| 类目 | 统计条目 | | | | |
|---|---|---|---|---|---|
| 基本信息 | 编号 | 用户名 | 微博地址 | 电子邮箱 | 性别 |
| | 生日 | 真实姓名 | 职业 | 教育水平 | 地域(省份/城市) |
| 使用痕迹 | 使用微博总天数 | 微博数 | 微博原创率 | 关键词 | 一句话介绍(简介) |
| | 微博配图数 | 头像数量 | 勋章个数 | 兴趣领域 | 游戏(个数/名称) |
| | 微群(个数/名称) | 标签(个数/内容) | 关注话题(个数/名称) | | 是否加 V |
| 粉丝情况 | 粉丝数 | 活跃粉丝率 | 粉丝省份分布:<br>第一/第二/第三(名称/百分比) | | 粉丝性别比例 |
| 关注情况 | 关注数 | 关注对象省份分布:<br>第一/第二/第三(名称/百分比) | | | 关注对象性别比例 |
| | 关注对象的粉丝数分布(分成 6 个区间,如粉丝数 0～100 为一个区间) | | | | |
| | 关注对象的微博数分布(分成 6 个区间,如微博数 0～100 为一个区间) | | | | |
| 发布终端 | 最常使用来源(名称/百分比) | | 最常使用终端类型 | | |
| 发布时间 | 0～23 点发微博率 | | | | |

## 2. 小样本分析框架

研究者采用 Wells 和 Tigert1971 年提出的 AIO(Activities, Interests, and Opinions)量表[①],对 250 个微博重度用户在 2012 年三四月发布的全部微博内容进行人工编码和解读。以往研究表明:综合利用"活动(Activity,具体明显的行为)、兴趣(Interest,对某些事物或主体产生的兴奋程度,能引发特殊且持续性的注意)、观点(Opinion,对外界环境的刺激所产生的疑问和回应)"三类变量,可有效描述和区分消费族群。由于每个重度用户的微博内容信息量都很大,采用内容分析法的编码者间信度检验非常困难。但为了防止日志研究过程带有过强的内容随意性和个人主观性,也为了对用户的隐性特征进行深入细致的解读,小样本分析综合了日志研究法和内容分析法两种方法。过去的研究数据要绝对的准确,然而在大数据时代,只有 5% 的数据是结构化且适用于传统数据库的,如果不接受混杂性,剩下 95% 的非结构化数据都无法利用,包括视频、语音、图片等[②]。因此,本研究对 70 位学生进行统一的分析框架培训,通过试编码与分析讨论解决各种可能的偏差,然后让每位学生负责若干个用户微博内容的深度解读。原 AIO 量表用于问卷调查,本篇根据日志和内容分析的要求与特点,在原量表主体框架不变的基础上,把原本的题项改编为编码条目,在反复讨论和调整条目之后,确立了最终的编码和分析框(表1-2-3)。

表 1-2-3　小样本 AIO 编码和分析条目说明

| 类目 | 编码条目 | | | |
|------|------|------|------|------|
| 活动 | 工作学习 | 个人爱好 | 正式活动 | 外出度假 | 娱乐活动 |
| | 高级俱乐部 | | 社区交往 | 购物 | 体育运动 |

---

① William D. Perreault & Edmund Jerome McCarthy. *Basic marketing a global-managerial approach*. McGraw-Hill Companies, 2005.

② (英)维克托·迈尔-舍恩伯格、肯尼思·库克耶 大数据时代.浙江人民出版社,2013.

续表

| 类目 | 编码条目 | | | | |
|---|---|---|---|---|---|
| 兴趣 | 家庭成员 | 家务活动 | 工作 | 社区 | 娱乐 |
| | 时尚 | 食品 | 媒介 | 成就 | |
| 观点 | 自己 | 社会焦点 | 政治事件 | 交易买卖 | 宏观经济 |
| | 国内产品 | 产品服务 | 未来趋势 | 本国文化 | |
| 人口统计特征 | 年龄 | 教育 | 职业 | 地理位置 | 家庭生命周期 |
| 一段话描述 | | | | | |

在具体的编码框中，研究者根据 AIO 量表的原意，具体规定了各个编码条目的范围。活动主要指个人参与的活动，是已发生的事实。兴趣则既包括个人参与的活动，也包括个人未发生的活动以及他人的活动，如个体转发了比尔·盖茨的职场忠告，说明用户对工作有兴趣（这里的兴趣其实是关注的意思）。观点则是用户微博上发布的带有褒贬评价的意见。人口统计特征也重新采集，在前面的大样本数据中，有些用户并未在微博个人信息中填写自己的资料，但 AIO 分析可能透露出这些信息。最后，每位参与编码和分析的学生都要依据前面编码条目的内容写一段话来描述该用户。这里并不进行严格意义上的内容分析，而是借用内容分析的编码框方式来对日志中的非结构数据进行"相对"标准化的解读。

## 第三节　基于个人影响力的分群描摹

分群可以从不同的角度进行，但要据此甄别社会网络中有影响力的个人仍然是难题。[①] 经典研究中涉及影响力的概念有意见领袖、意见领导

---

① Smith, Ted, et al. *Reconsidering models of influence: The relationship between consumer social networks and word-of-mouth effectiveness*. Journal of Advertising Research, 2007, 47(4): 387.

力、市场行家等。① 新浪微博是一个自媒体平台,其受众的传播价值取决于个人在此媒介中的影响力。新浪微博官方定义的"影响力"由活跃度、传播力和覆盖度三大指标构成②,其中,活跃度代表用户每天主动发微博、转发、评论的有效条数,传播力与用户微博被转发、被评论的有效条数和有效人数相关,覆盖度的高低则取决于用户微博活跃粉丝数的多少。国内研究者刚刚开始重视评估博主的影响力:王晓光将粉丝数量视为衡量普通用户微博影响力的重要因素,他于 2009 年随机抽取一个月 3000 条微博数据,进一步证明关注数、博文数与粉丝数之间存在正相关③;姚茜和卜彦芳认为"关注功能意味着订阅数,粉丝数相当于有多少微博 ID 订阅了博主的微博",所以粉丝数是判断微博影响力最直观的指标,粉丝活跃程度更与微博影响力成正比关系,在转发条件下,粉丝数与影响力呈正相关④;原福永等人 2012 年的研究也审视了僵尸粉对影响力评估的干扰,将用户活跃度与微博影响力作为影响因子合成用户影响力。⑤ 本节将从微博用户个人影响力指标着手,对新浪微博活跃用户进行系统分群。

## 一、样本总体描述

2452 个大样本的人口统计方面的信息是通过分析透露信息的样本来得出:性别比例均衡;地域分布集中于华东、华北、华南,显示这次抽样地域分布的广泛性与普遍性。另外,加 V 者占少数,即普通用户构成了活跃用户群的主体。样本平均年龄趋向于年轻化,发布微博终端也呈现多样化。

250 个小样本的人口统计方面:性别也较均衡(男性 47.6%,女性

① 林建煌.消费者行为(第三版).北京大学出版社,2011.

② 新浪微博.风云影响力帮助.2013-04-08. http://data.weibo.com/top/help#tag5.

③ 王晓光.微博客用户行为特征与关系特征实证分析——以新浪微博为例.图书情报工作,2010,54(14).

④ 姚茜、卜彦芳.基于影响力研究的微博营销模式探析.经济问题探索,2011(12).

⑤ 原福永、冯静、符茜茜.微博用户的影响力指数模型.情报分析与研究,2012(6).

52.4%),加 V 者占达 41.2%,相比大样本有显著提高;教育水平无显著差异;均值年龄为 27.67,大于大样本均值。

表 1-3-1　大样本分布一览表

| 样本特征 | 分类 | 样本数 | 百分比（%） | 样本特征 | 均值/分类 | 样本数 | 百分比（%） |
|---|---|---|---|---|---|---|---|
| 性别 | 男 | 1 131 | 46.2 | 关注数 | 367.9 | 2 449 | 99.9 |
| | 女 | 1 318 | 53.8 | 粉丝数 | 8 533.9 | 2 449 | 99.9 |
| 加 V 认证 | 是 | 632 | 25.8 | 微博数 | 2 726.6 | 2 449 | 99.9 |
| | 否 | 1 820 | 74.2 | 博龄（天） | 500.3 | 2 330 | 95.0 |
| 学历 | 中学 | 853 | 58.7 | 年龄 | 25.0 | 933 | 38.1 |
| | 大学本科 | 550 | 37.9 | 微博发布常用终端 | PC | 711 | 29.0 |
| | 本科以上 | 50 | 3.4 | | 移动 | 794 | 32.4 |

### 二、分群主变量:关注粉丝比、活跃粉丝率、日均微博数

本节侧重从与微博影响力相关的连续型变量(关注数、粉丝数、活跃粉丝率、微博数)计算挖掘新指标,从中选择分群的主变量。一定程度上,关注数代表用户在此渠道中信息传播者(即影响者)数量,粉丝数代表用户在此拥有的信息接收者(即被影响者)数量,那么,关注粉丝比(关注数÷粉丝数)则形象地表达了该用户个人影响力的收支情况。活跃粉丝率则显示了其粉丝数中活跃用户的比例(即作为信息接收者的有效性),前人研究已证明其重要性,在此不再赘述。微博数包含用户在新浪微博上相对重要的两个行为:转发或发布原创微博。日均微博数(微博数÷微博使用总天数)消除了微博使用天数长短对微博数的累积影响,代表用户在海量微博信息中的声量强度。通过主成分分析发现,日均微博数、活跃粉丝率、关注粉丝比依次在三个主成分中有较高载荷又彼此相对独立,具有代表性,故选择为分群依据变量。

表 1-3-2　成分矩阵

|  | 成　分 | | |
|---|---|---|---|
|  | 1 | 2 | 3 |
| 关注数 | .747 | .280 | .057 |
| 粉丝数 | .353 | −.632 | −.272 |
| 活跃粉丝率 | −.324 | .683 | −.006 |
| 每日平均微博数 | .722 | .346 | −.041 |
| 关注粉丝比 | .084 | −.177 | .962 |

## 三、聚类分析

通过 Z 标准化消除三个主变量之间存在的数量级差异(即保证量纲一致)。使用 K-均值聚类分析,原始聚类数设定为 8 组,剔除 55 个关键变量中存在缺失的样本及 4 个样本量极小的分组(样本数均在 15 以下,合计 18 个),实际纳入分析的样本总量为 2 379 个,最终获得 4 个影响力互异的族群(单因素方差分析方差不齐,故查看 Welch 和 Brown-Forsythe 的修正值,三个主变量均存在显著差异,表 1-3-3)。

四类群体(样本数)在总体中所占比例由高至低分别是:第二类(1 058),第四类(777),第三类(416),第一类(128),占比见图 1-3-1。再结合图 1-3-2,表明四类群体作为聚类结果:类别间有较优的差异化,同类中分布有聚集性。

表 1-3-3　均值相等性的键壮性检验

|  |  | 统计量[a] | df1 | df2 | 显著性 |
|---|---|---|---|---|---|
| 关注粉丝比 | Welch | 15.697 | 3 | 560.260 | .000 |
|  | Brown-Forsythe | 21.171 | 3 | 1 270.649 | .000 |
| 每日平均微博数 | Welch | 236.659 | 3 | 468.357 | .000 |
|  | Brown-Forsythe | 345.450 | 3 | 381.124 | .000 |
| 活跃粉丝率 | Welch | 4 273.571 | 3 | 491.633 | .000 |
|  | Brown-Forsythe | 3 233.641 | 3 | 451.130 | .000 |

a. 渐近 F 分布。

图 1-3-1　四类群体总体占比

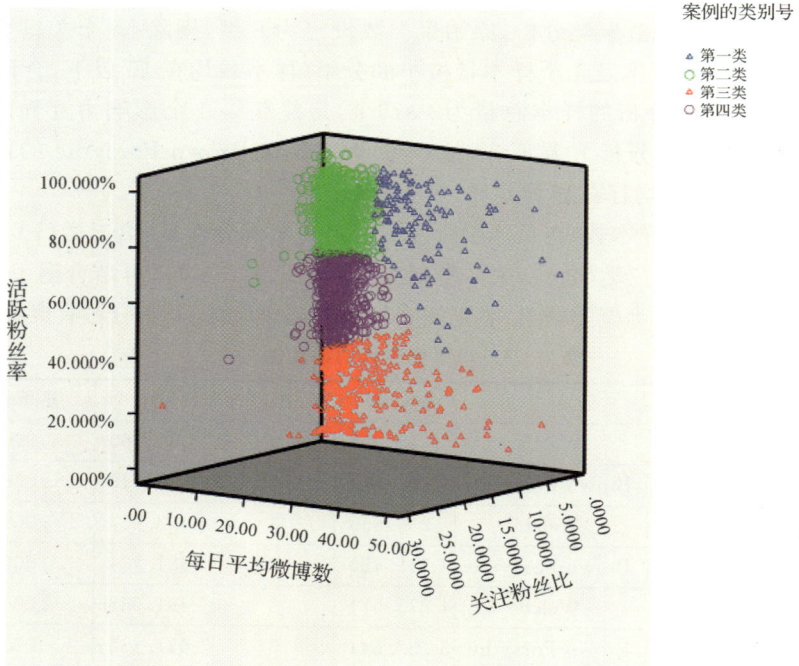

图 1-3-2　四类群体在聚类变量上的散点分布

多重比较结果显示（Games-Howell 检验）：活跃粉丝率，除第一、二类间无差异，其他各类间均存在显著差异；日均微博数，除第二、四类间无差异，各类间均存在显著差异；关注粉丝比，除第一与三、四两类间无差异外，各类间也存在显著差异。

第一类，与第二类拥有同等高水平的活跃粉丝率（仅低于第二类0.5％），同时拥有超高日均微博发布量；第二类的粉丝活跃率、关注粉丝比四类中最高，后者最接近 1，表明这类群体粉丝数与关注数最相近；第三类，拥有最低活跃粉丝率和关注粉丝比均值，后者与 1 的绝对值距离最大，其粉丝数普遍高于关注数；第四类的日均微博数最少（表 1-3-4）。表 1-3-5是依据三个聚类主变量获得的判别函数进行分类的小结，平均正确率高达95.1％，说明族群内同质性极高。下面将综合其他变量的表现差异，分别对四类人群展开讨论。

表 1-3-4　四类群体在聚类变量上的均值分布

| 均值 | 样本数 | 活跃粉丝率 | 日均微博数 | 关注粉丝比 | \|1－关注粉丝比\| |
|------|--------|-----------|-----------|-----------|-----------------|
| 第一类 | 128 | 79％ | 21 | 0.78 | 0.22 |
| 第二类 | 1 058 | 79％ | 3 | 1.07 | 0.07 |
| 第三类 | 416 | 17％ | 7 | 0.52 | 0.48 |
| 第四类 | 777 | 52％ | 3 | 0.81 | 0.19 |
| 总体 | 2 379 | 59％ | 5 | 0.87 | 0.13 |

＊极值加粗，最高值加框，最低值加灰色底纹。

表 1-3-5　判别回代检验结果

| | 第一类 | 第二类 | 第三类 | 第四类 | 平均正确判别率 |
|------|--------|--------|--------|--------|----------------|
| 回代比率（％） | 93.8 | 96.6 | 93.0 | 96.9 | 95.1 |

## 四、人口统计特征差异与信息公开程度

性别、年龄、八大区域分布、一二三线城市比重是四类群体在人口统计特征上存在显著差异的 4 个变量。

性别上,第四类女性比例最高;第二类男女比例最均衡(图 1-3-3)。年龄上,虽方差不齐,但提交 Welch 和 B-F 检验均呈现显著差异;多重比较结果显示(Games-Howell 检验):第四类分别与第一、二、三类存在显著差异,第一二三类间则不存在差异;可见第四类最为年轻。

八大区域分布上,四类群体较集中于华东、华北、华南区域:第一类的华东比例显著高于其他三类;第三类的华北比例、第四类的华南比例在四类中最高(图 1-3-4)。在一二三线城市分布上,第三类中来自一线城市的比例最高,其次第二类;值得注意的是,第四类来自三线城市的比例高于其他三类,达 41%(图 1-3-5)。进一步看一线城市用户在北上广的配比:北京占比最高的是第三类(49%),其次是第二类;上海占比最高的是第一类(45%);广东(广州、深圳)占比最高的则是第四类,达 47%(图 1-3-6)。

四类群体在透露姓名和职业上存在显著差异,且呈现的趋势一致,公开的比例由高至低分别是:第三类、第二类、第一类、第四类,其中第三类透露职业的比例超过 50%。在置信水平 0.1 时,在透露年龄这一变量上也存在显著差异。有趣的是,第四类成为最愿意透露年龄的群体,而第一类这一比例最低。

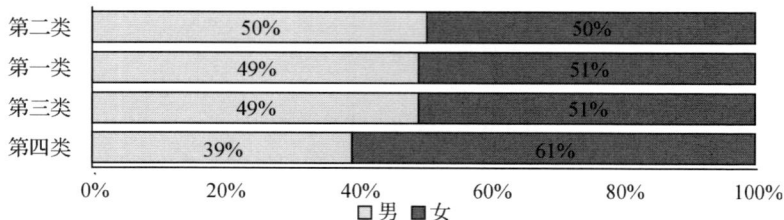

| | | |
|---|---|---|
| 第二类 | 50% | 50% |
| 第一类 | 49% | 51% |
| 第三类 | 49% | 51% |
| 第四类 | 39% | 61% |

0%　20%　40%　60%　80%　100%

□男　■女

**图 1-3-3　四类群体的性别比例**

表 1-3-6　四类群体年龄均值分布

| | 样本量 | 年龄 | 出生年份 |
|---|---|---|---|
| 第一类 | 35 | 31 | 1981 |
| 第二类 | 406 | 26 | 1987 |
| 第三类 | 162 | 26 | 1986 |
| 第四类 | 304 | **23** | **1989** |
| 总数 | 907 | 25 | 1987 |

＊极值加粗,最高值加框,最低值加灰色底纹。

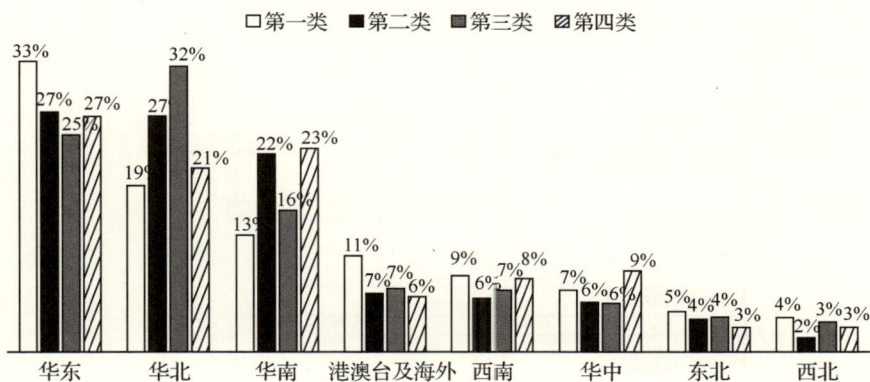

图 1-3-4　四类群体八大区域分布

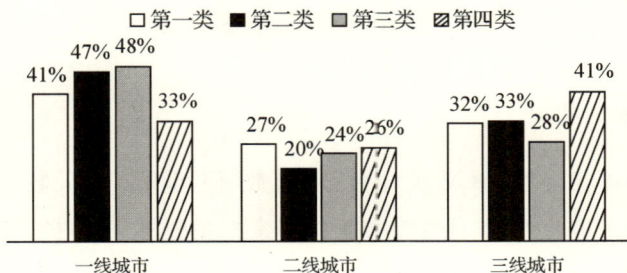

图 1-3-5　四类群体一二三线城市比重分布

图 1-3-6　四类群体一线城市比重分布

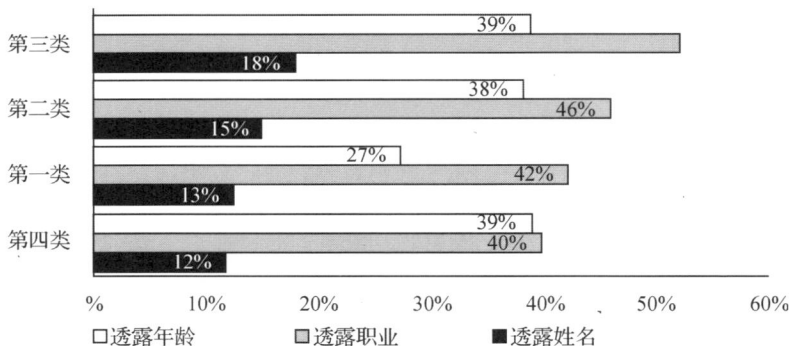

图 1-3-7　四类群体信息公开程度

## 五、微博影响力状况

四类群体在变量:加 V 关注数、粉丝数、使用微博总天数。除第一个变量接受卡方检验外,其他变量接受单因素方差分析,虽方差不齐,但均通过 Welch 和 B-F 检验。

在加 V 上,第三类的加 V 比例最高、第一类最低(图 1-3-8)。多重比较结果显示,第一类关注数显著高于其他三类;第三类的粉丝数也显著高于其他三类,是唯一均值过万的群体;值得注意的是,第三、四类使用微博总天数均值显著高于第一、二类,且前两者间、后两者间差异不显著。

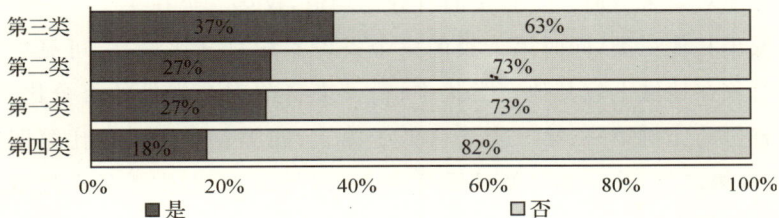

图 1-3-8　四类群体加 V 情况

表 1-3-7　四类群体关注数、粉丝数、微博数与使用天数均值

|  | 关注数 | 粉丝数 | 微博数 | 使用微博总天数 |
|---|---|---|---|---|
| 第一类 | 671 | 2 259 | 9 521 | 437 |
| 第二类 | 363 | 1 419 | 1 741 | 494 |
| 第三类 | 500 | 35 260 | 4 062 | 535 |
| 第四类 | 241 | 2 997 | 1 681 | 508 |
| 总数 | 364 | 7 897 | 2546 | 503 |

\* 极值加粗,最高值加框,最低值加灰色底纹。

　　在粉丝数量级分布上,第三类群体粉丝数在 1 万～10 万的比例最高;第一类群体粉丝数在 1 001～1 万的比例最高;第二、四类粉丝比较爱集中在 0～1 000,且以 100 以上为多数(图 1-3-9)。在微博使用年限分布上,第三类中使用微博 2 年以上者占比高于其他三类,达 24％(图 1-3-10)。

　　对于四类人群的关注对象特征 ANOVA 分析中符合方差齐性且差异显著:关注者粉丝数量级为"100～1 000",第一、二类群体比例显著高于另两类,第三类最低(23％);微博数在"1 000～5 000"的关注者比例,

一三类显著高于二四类;第一类微博数在"5 000~1 万"的关注者比例,
显著高于其他三类;第二类微博数在"1 万以上"的关注比例则显著低于
其他三类。

关注对象来自前三个省份的百分比均值,仅第二类在第三省份的比例
显著低于其他三类,同时第二类前三个省份累积百分比最高,可见第二类
关注对象在地域上较其他三类集中;粉丝来自前三个省份的百分比均值,
第一省份的比例第一、第三类显著低于第二、四类。累积百分比第四类最
高,其次第二类,第一类最低且低于 60%,可见第二、四类粉丝在地域上较
其他两类集中。

图 1-3-9　四类群体粉丝数量级分布

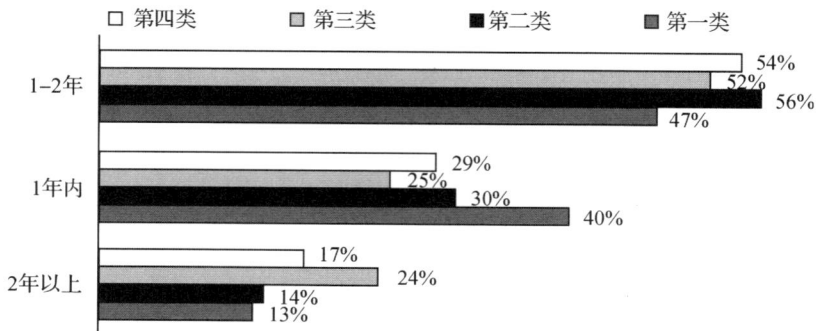

图 1-3-10　四类群体微博使用年限分布

## 六、微博使用行为与对应分析

被客观记录的其他微博使用行为变量 ANOVA 分析结果差异显著的有配图率、原创率、标签数、勋章个数、微群数、关注话题数及游戏个数（其中"标签数"符合方差齐）。

从原创率看，第一类比例最低（仅 29%），低于整体平均值 40%，远低于最高的第四类；再从原创微博的配图率看，第一类也是最低的，而第三类最高。

勋章上，第一类拥有个数最多，与第二、四类存在差异。微群数上，第一类和第三类相近（两者差异不显著），且显著超过其他两类，第四类最低。关注话题数仅第三、四类差异显著；玩游戏个数仅二四类差异显著，前后均值差都不超过 1。

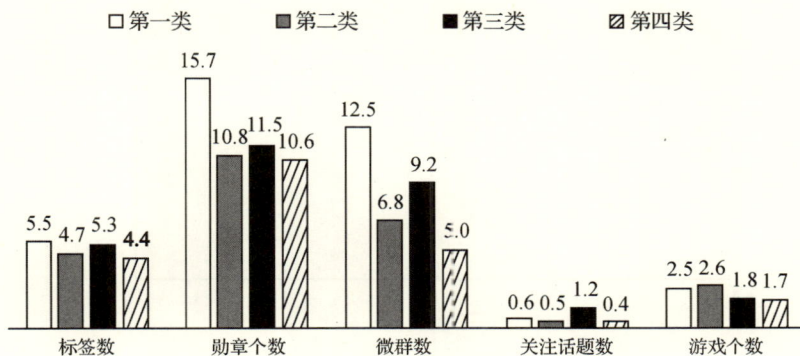

图 1-3-11　四类群体微博使用行为

"标签"是消费者在新浪微博这个自媒体平台上主动展示的自我的关键词，是具有代表性的自我报告。第一、三类贴标签稍多，第二、四类贴标签略少，但前后两组均值差不超过 1。第一个标签如同品牌第一提及率一般重要，所以对频数超过 10 的标签进行编码，共计 28 个标签，频数排名前五依次是星座、旅行、偶像、宅、音乐。纳入分析的样本在各类中的比例均一(28％～30％),能够解释 84％的数据。

下图对应关系中可见,各类群体的主标签为——第一类:艺术、时尚、自我;第二类:吃货、学生、80 后、互联网、星座、篮(足)球;第三类:摄影、汽车、传媒;第四类:自由、旅行、听歌。

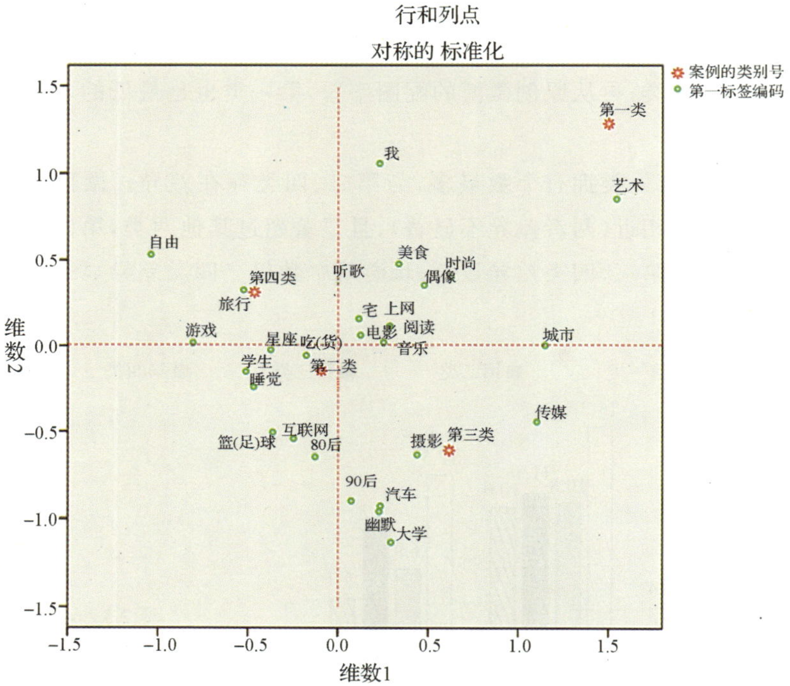

行和列点
对称的 标准化

图 1-3-12　第一标签与四类群体的对应关系

各时段发微博率 ANOVA 分析中,通过方差齐性检验且差异显著(置信水平 0.1),只有 12 点:第一类群体显著低于其他三类,后三者间彼此无差异。方差不齐但 Welch 与 B-F 检验差异显著(置信水平 0.05),只有 22 点,第三类显著低于二、四类群体。

总体上,发微博的日分布率从 7 点上升至 10 点,10 点至 20 点持平,20 点后上升至 22 点,此时迎来一天发微博的顶峰,下降至 0 点后锐减

（图 1-3-13）。第一类与第三类特点突出，将在后面综合描摹中体现。

四类人群在最常使用终端中有明确报告的样本数 1456 个，占总体 61％，卡方检验差异显著（置信水平达 0.C1）。图 1-3-14 表明，第一类最常使用 PC 终端进行发布的比例最高。相比之下，第三类在移动终端发布微博的比例最高。

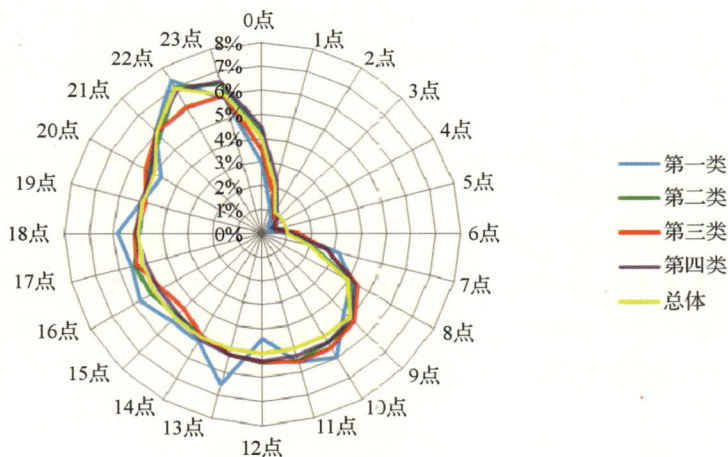

图 1-3-13　四类人群 24 小时微博发布率

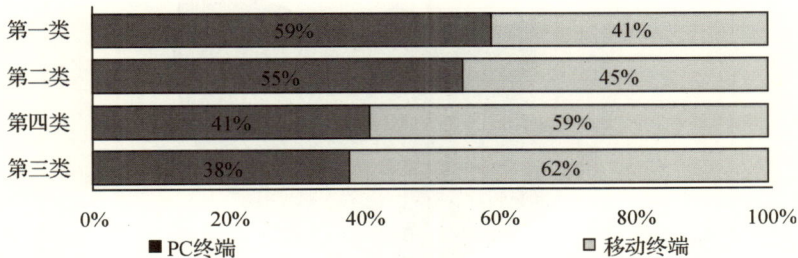

图 1-3-14　四类人群最常用发布终端

## 七、重度使用者 AIO 分析

图 1-3-15 可见,AIO 样本中四类人群分布比例较为均衡,可推测本文采用的分类方式产生的四类群体对新浪微博黏性用户群的贡献相近,对四类群体在行为、兴趣和观点深入探究有其现实意义。AIO 样本在同类中的占比,第一类中占 38%,第二类中占 7%,第三类中占 17%,第四类中占 7%。分群指标中,第一类与第三类的日均微博数显著高于其他两类,第一类远高于第三类,足以解释第一类与第三类在 AIO 群体中比重的显著提高。

进一步比对人口统计特征。性别、学历、个人信息透露情况(年龄、姓名、教育)卡方检验均无差异。在城市分布上,仅第四类群体中一二线城市比例增大产生差异(检验发现,北上广与省会城市者日均原创微博数显著高于其他城市,而第四类中其他城市比例最高,故可解释这个差异)。年龄均值也与大样本库接近(绝对差小于 1)。以下将从活动、兴趣、观点三方面特征对四类群体进行诠释和比较。

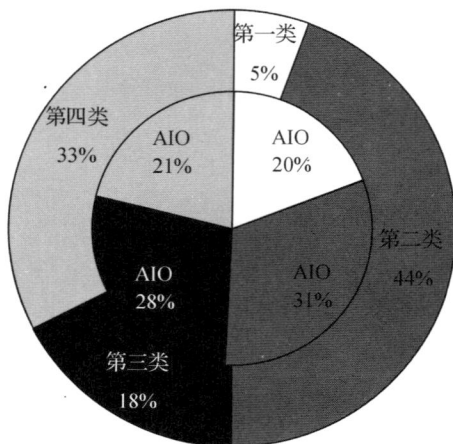

图 1-3-15　四类群体 AIO 占比

1. 活动关键词——工作、休假与购物

四类群体的 AIO 样本在"活动"层面的三个方面（工作、休假、购物）卡方检验存在显著差异，具体是对工作、国内非居住地度假、价格和想购买的便利品四项提及率。

对工作的提及率，第一类最高，第四类最低，而第三类多次提及工作的比例最高（图 1-3-16）；对国内度假的提及率，第二类最高（38%），第四类仍最低（15%），其中第二类多次提及国内度假的比例最高，达 19%；对价格的提及率，第一类仍最高（35%），第四类仍最低（24%），其中第一类多次提及价格的比例也最高，达 27%；对预购便利品的提及率，第一类最高（36%），第三类仍最低（11%），其中第一类多次提及便利品的比例最高，达20%。

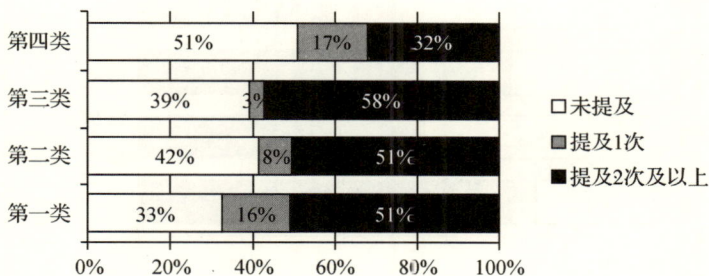

图 1-3-16　AIO 四类群体对工作的提及度

2. 兴趣关键词——社区、媒体与流行

四类群体的 AIO 样本在"兴趣"层面的三个方面：社区、媒体存在显著差异，流行存在差异。

对社区的提及率，第一类最高（31%）；第三类次高（21%）；第四类最低，不到 15%。对流行的提及率，第三类最高且多次提及率也最高，而提及率和多次提及率双低，均为第四类。对媒体的提及率与多次提及率，第一类最高，其次第三类，最低为第四类。

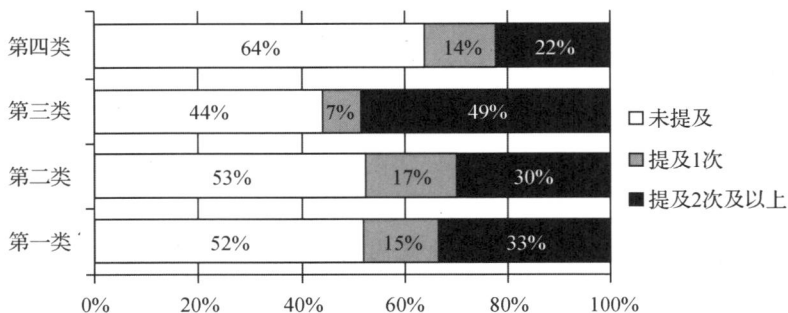

图 1-3-17　AIO 四类群体对流行的提及度

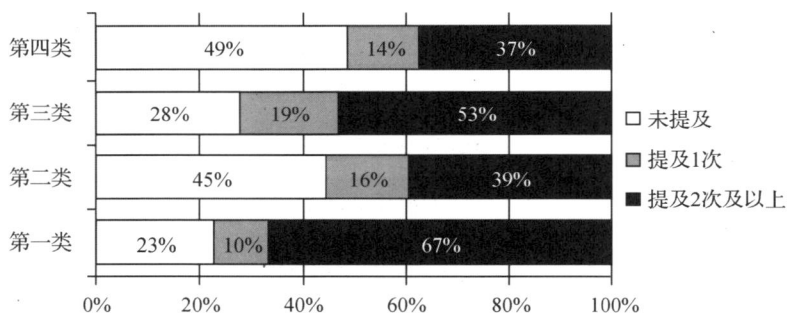

图 1-3-18　AIO 四类群体对媒体的提及度

3. 观点关键词：社会焦点与交易买卖

四类群体的 AIO 样本在"观点"层面的两个方面（社会焦点、交易买卖）ANOVA 分析存在差异，具体是对社会焦点事件和交易买卖的评价方面。对社会事件的评价上，第一类群体比第四类群体对社会焦点事件持更积极的评价。对交易买卖的观点，第三类群体比第四类群体的评价更积极。

第一类　■ 第二类　■ 第三类　▨ 第四类

图 1-3-19 的柱状图数据：

提及社会焦点：第一类 10.9、第二类 6.1、第三类 6.1、第四类 3.7

消极社会焦点：第一类 7.4、第二类 2.9、第三类 3.6、第四类 1.9

积极交易买卖：第一类 0.2、第二类 0.2、第三类 0.4、第四类 0.0

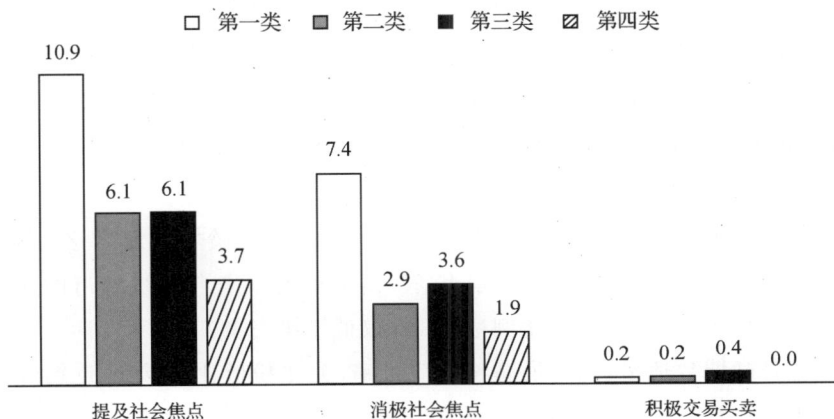

**图 1-3-19　AIO 四类群体的观点**

### 八、四类族群特征描摹

1. 三高(高关注、高转发、高活粉率)且重参与的资讯搜寻者

第一类人群在总体中比重最低。平均年龄最高也最不愿意透露(31岁左右),女性略多 2%,地域上主要来自华东,其次华北。有 41% 来自一线城市,其中 45% 为上海人。

微博影响力指标:具备高水平的活跃粉丝率,最高关注数与超高日均微博发布量,原创率最低,以转发为主。微博新鲜人比重最大(使用微博年限在 1 年内比例最高),加 V 概率最低,从 PC 端访问微博居多,女粉丝比例在四组中最高。微博参与积极性强:最高勋章个数、最多微群数及标签数。具有代表性的第一标签有:艺术、时尚、自我,可见自我定位清晰。

第一类的关注对象粉丝数在 1 000～1 万的比例在四组中最高,但关注粉丝过 100 万超级名人比例又最低;对粉丝数量级为"100～1 000"的关注比例显著高于第三、四两类。AIO 分析表明,第一类注重社区互动,最常提及媒体,关注社会热点(态度偏消极)。故此类人较少追星,对关注对象有自己的甄别判断,有较稳固的圈子。

再看微博发布时间轨迹,第一类在 7 点、10 点、13 点、16 点、18 点及 22 点发博率高于其他三类,而在 12 点、20 点与 0 点发博率最低;时间点分布与上下班时段相符,且提及工作的次数最多,而消费经济意识强(多次提及价格、预购便利品),可推断处于事业上升阶段,有一定的工作经验。

### 2. 粉丝活跃的区域达人

第二类人群在总体中的比重最大,达 44.5%。年龄均值为 26 岁,偏青年,男女比例均衡,主要来自华北、华东,其次华南。来自一线城市的比例仅低于第三类,其中北京的比例达 41%(仅低于第三类)。

每日微博数适量,拥有最高粉丝活跃率,关注粉丝比最接近 1(粉丝数约等于关注数)。关注对象粉丝数集中在"100～1 000";关注对象微博数"100～500"的比例最高,"1 万以上"比例最低;前三省份累积百分比,关注对象最高,粉丝次高。可推断,此类微博关系地域性最强,互粉可能性高,与粉丝相互熟识的概率也较大。

第二类与第四类在不少变量上表现相近,但在 7 点和 17 点发博率不同,地域分布也有明显差异,可见生活方式有明显不同。第二类具有代表性的第一标签有:吃货、学生、80 后、互联网、星座。AIO 分析中,最经常提及国内旅游,多次提及价格占比最低,可见生活时间宽裕,金钱观念不强。

### 3. 吸粉又多金的职场意见领袖

第三类在总体中的占比为 17.5%。人口统计特征:主要来自华北,其次华东。一线城市比例最高,其中又以北京为主要城市(49%)。

在微博上公开年龄、职业和姓名的比例均最高,公开性最强;对职业的透露率超过 50%,加 V 用户比例也最高。同时第三类还拥有较低关注数、最高粉丝数、最低粉丝活跃率均值,粉丝数平均高出关注数 1 倍。日均微博 7 条(仅低于第一类),原创微博配图率最高,关注话题数最多,使用微博最久(2 年以上的用户比例最高)。关注对象粉丝数量级在"1 万～100 万"的比例几乎在四组中最高,"100～1 000"的关注率低,且更关注男性,男粉丝比例也最高。由此可推断其在微博上具备一定的知名度和话语影响力。

其代表性第一标签有:摄影、汽车、传媒。AIO 分析表明:第三类人微博言论职业意识鲜明,注重正式的社交活动和关系维系,对流行的提及率最高也最多,较少提及预购便利品,生活水平明显高于其他三类,最常使用终端的移动性最强(达 62%)。发布微博时间上,白天 8 点为第一个拐点,21 点后发微博率逐渐减少,在 22 点这个微博发布高峰上显著低于其他三类,较少熬夜刷微博,空闲时间也较少。

4. 少言重隐私高原创的自由族

第四类是总体中比重第二的群体,占比 32.7%。人口统计上,平均年龄最低也最愿意透露,女性居多(过六成),主要来自华东,其次华南,再次华北。同时,此类来自三线城市的比例最高,达 41%;而来自广东一线城市(广州、深圳)的比例在四类中最高。

最低关注数的第四类,日均微博数最少,但原创性最高;注重隐私,在微博上公开的信息最少,且加 V 比例最低。但对粉丝数在"10 万～100 万"及"100 万以上"的超级名人型博主的关注率均值最高,同时关注粉丝数少于 100 者的比例又与第二类草根达人相近。喜欢晚上刷微博至凌晨,最少提及工作、国内度假与价格,微博内容少涉及社区活动,更少涉及流行,也不特别关心媒体和时事。其代表性第一标签有:自由、旅行、听歌。

## 九、受众分群与影响力分层结构

表 1-3-8 显示,四类族群在关注数、粉丝数两个微博影响力显性统计指标上的分层分布(关注数代表受他人影响程度,粉丝数代表影响他人程度)。本文所用的分群指标之一——关注粉丝比代表的意思:约等于 0 者为影响者,约等于 1 者为双向影响者(既影响别人又受他人影响),大于 1 者为受影响者。单元格中的百分比为相应族群数占总样本数的绝对比例。影响者占 34%,双向影响者占 51%,受影响者占 15%。第一类族群人数最少,只占抽样总体的 5.4%;第二类族群人数最多,占抽样总体的 44.5%;

第三类族群人数较少,占 17.5%;第四类族群人数较多,占 32.7%。总体来说,各个族群都是双向影响者居多,影响者其次,受影响者最少。第三类族群是个例外,该族群中最多为影响者(比例略超 11%),其次才为双向影响者,显示该族群在微博上的影响力最强。

表 1-3-8　新浪微博活跃用户分群与影响力分层结构

| | | 零—1百 (13%) | 1百—1千 (60%) | 1千—1万 (18%) | 1万—10万 (7%) | 10万以上 (1%) |
|---|---|---|---|---|---|---|
| 关注数量级分布 | **1千以上 (8%)** 第一类 | 0.0% | 0.3% | 0.8% | 0.3% | 0.0% |
| | 第二类 | 0.0% | 1.5% | 1.6% | 0.3% | 0.0% |
| | 第三类 | 0.0% | 0.0% | 0.8% | 1.7% | 0.1% |
| | 第四类 | 0.0% | 0.2% | 0.6% | 0.1% | 0.0% |
| | **1百—1千 (73%)** 第一类 | 0.2% | 2.4% | 1.1% | 0.2% | 0.0% |
| | 第二类 | 3.9% | 23.1% | 6.6% | 1.1% | 0.0% |
| | 第三类 | 0.4% | 4.9% | 2.6% | 2.5% | 0.8% |
| | 第四类 | 1.6% | 17.6% | 3.4% | 0.6% | 0.0% |
| | **零—1百 (19%)** 第一类 | 0.0% | 0.2% | 0.1% | 0.0% | 0.0% |
| | 第二类 | 3.0% | 3.1% | 0.2% | 0.2% | 0.0% |
| | 第三类 | 0.9% | 2.1% | 0.4% | 0.2% | 0.1% |
| | 第四类 | 3.2% | 5.0% | 0.2% | 0.0% | 0.0% |
| | | 零—1百 (13%) | 1百—1千 (60%) | 1千—1万 (18%) | 1万—10万 (7%) | 10万以上 (1%) |
| | | 粉丝数量不同区间分布 | | | | |

＊加框底为影响者,浅灰底为受影响者,深灰底为双向影响者。

## 十、研究结论

至此,本研究实现了基于个人微博影响力指标对新浪微博活跃用户的大样本系统分群,获得的四类群体有较优的内部一致性与群间差异(微博平台可读取的用户其他客观指标,以及用户微博内容中显现的生活形态)。

本研究采用的三个分群指标(关注粉丝比、活跃粉丝率、日均微博数),其累积贡献度达 68.32%,分群的平均正确判别率达 95.1%,对于大样本而言已较为理想,具有较高的代表性与操作化可能性;本研究据此描绘了新浪微博中影响力分层结构。这些分析指标与工具同样适用于其他微博甚至其他类型社交媒体的消费者分析。

研究发现的四类群体,可借助社会整合理论的消费者分类[①]来把握,将日均转发微博数类/资讯搜寻程度,活跃粉丝数类比意见领袖性,会发现:第一类高转发、高活粉数、高关注数又重参与,十分接近社会整合型消费者的特征;第二类区域达人社交性更强,接近社会依赖性消费者的特征;第三类多粉丝低关注则接近社会独立型消费者的特征;第四类隐匿又高原创数、低转发量,最符合社会孤立型消费者的描述特征。

社会比较理论[②](Social Comparison Theory)。社会比较的关键是选择比较基准,一般而言,消费者与比较者相似性越高,越容易出现社会比较行为[③]。关注对象参考群体对消费者直接或间接的影响主要体现在三种方式上:信息、认同及规范的影响,分别对应可信赖性、相似性与权力三个信源的认知特性[④]。所以第一类人接受并释放认同与信息影响(相似性与可信赖性);第三类人更倾向于释放规范与信息影响(即权威与可信赖性);第二类人则更容易接受和释放认同影响(粉丝与关注对象相似程度较高);较为孤立的第四类则需要借由微博实现自我维持与强化,有限的关注对象对他们有更强的潜移默化影响。把握好新浪微博这类社交媒体活跃用户

---

① Reynolds, Fred D. & William R. Darden. *Mutually adaptive effects of interpersonal communication*. Journal of Marketing Research,1971,3(4):449~454.

② Festinger & Leon. *A theory of social comparison processes*. Human relations, 1954, 7(2):117~140.

③ Roger D. Blackwell, Paul W. Miniard & James F. Engel. *Consumer behavior*. 10th ed. Aufl. Mason,2006.

④ Burnkrant, Robert E. & Alain Cousineau. *Informational and normative social influence in buyer behavior*. Journal of Consumer Research,1975,2(3):206~215.

（尤其重度使用者）中四类消费者的差异及优势，有利于制定与实施个性化
行销与细分策略。

### ❀第四节　基于使用动机的分群描摹❀

　　廖泽俊和柏琳对国内外有关微博使用影响因素展开研究，总结出五种
用户微博使用动机：记录与表达动机（满足自我记录与表达，如记录生活点
滴、人生感悟、分享心情、宣泄情感、表达自己的观点）、信息获取动机（获取
公共信息，如了解新闻动态、持续关注社会热点、学习最新科技知识）、社交
动机（维持原有亲朋好友之间的联系交流、寻找结交新的志同道合的朋友
等）、接近名人动机（为了满足接近名人的需求）和娱乐消遣动机（消磨时
间、缓解压力、获得休闲等娱乐方面的需求）。[①]

　　使用动机是进行社交媒体用户分群的常用指标。麦肯锡研究中国社
交媒体用户使用动机和行为，认为四个群体较有营销价值：热衷社交型（约
占15％，以经营友谊人脉为主）、积极转发型（占15％，原创率极低，但积极
转发笑话等，通常粉丝极多）、安静阅读型（占14％，一般浏览不发表意
见）、发表意见型（约占14％，热衷发布个人看法，往往观点强烈，被转发量
巨大）。[②] 杨小朋和何跃同样从考察动机入手对腾讯微博用户进行分群，
她们选择MCI（博文魅力指数＝听众数/博文数）和用户收听数进行聚类，
发现90.21％的用户为"普通社交型"，与其他用户交流，同时获取感兴趣
的消息；0.07％属于"草根名人型"，积极地发布微博，话题能引起听众兴

　　① 　廖泽俊、柏琳. 基于 TAM 的大学生微博使用影响因素实证研究. 北京邮电大学学报（社
会科学版），2012，14（2）：8～16.

　　② 　Cindy Chiu，Davis Lin & Ari Silverman. *China's Social-Media Boom*. McKinsey & Com-
pany，2012-04-25. http://www. mckinseychina. com/wp-content/uploads/2012/04/McKinsey-Chi-
nas-Social-Media-Boom. pdf.

趣,信息创造的价值较大;9.72%属于"信息获取者",博文魅力指数很小,更多的是关注他人,寻找自己感兴趣的话题和信息。[①]

由此可见,基于微博使用动机指标对微博用户进行分群是可行的,通过了解不同用户群体的微博使用动机,辅以更详尽的人口统计学、微博行为、AIO 生活形态描述,将立体呈现各个群体消费者的特征。本节经过数据试分析,将"关注数"、"关注粉丝比"、"每日平均微博数"三个表征微博使用动机的核心变量作为分群指标,使用统计软件对 2 452 个新浪微博用户进行 K-means 聚类,将微博用户分为 4 个群体,再结合各群体用户的基本信息、使用痕迹、粉丝情况、好友情况、发布平台、发布时间特征,分别对其进行命名和描摹。

采用这三个变量作为使用动机分群指标,是因为"关注数"越大,说明用户从微博上获取的信息越多,说明微博是该用户平常获取信息的重要渠道,获取信息为其使用动机。以"关注数"为起点,"关注粉丝比(关注数/粉丝数)"越大,即关注数越大于粉丝数,越说明该用户的重心在于获取信息,而不是影响粉丝;反之,粉丝数越大于关注数,则说明用户更重视影响粉丝。"每日平均微博数(微博数/使用微博总天数)"则代表用户是否愿意创造信息或传递信息。

## 一、聚类分析

使用"关注数"、"关注粉丝比"、"每日平均微博数"三个表征"微博使用动机"的指标对 2 437 个微博活跃用户(2 452 个大样本中 15 个在三个分群变量上有缺失)进行 K-means 聚类,聚为 5 个群体,其中 1 个群体只有 1 个极端样本,其余 4 个群体均超过 100 个样本,因此剔除极端群体,保留剩余 4 个群体。经过判别回代检验(表 1-4-2),群体 1 的 127 个样本全部判别正确,群体 2 的 182 个样本有 181 个判别正确,正确判别率为 99.5%,群体 3 的正确判

---

① 杨小朋、何跃腾.腾讯微博用户的特征分析.情报杂志,2012(3):84~87.

别率是 99.4％,群体 4 的正确判别率为 98.9％,平均正确判别率为 99.3％。

表 1-4-1    大样本最终聚类中心

| | 聚类 | | | | |
|---|---|---|---|---|---|
| | 剔除 | 群体 1 | 群体 2 | 群体 3 | 群体 4 |
| 案例数 | 1 | 127 | 182 | 1 566 | 561 |
| 关注数 | 892 | 1 838 | 993 | 147 | 450 |
| 关注粉丝比 | 892 | 1.424 9 | 1.032 8 | .829 0 | .935 6 |
| 每日平均微博数 | .00 | 17.89 | 7.67 | 3.95 | 5.94 |

表 1-4-2    判别回代检验结果

| 类别 | n | N | 回代比率(％) |
|---|---|---|---|
| 群体 1 | 127 | 127 | 100.0％ |
| 群体 2 | 181 | 182 | 99.5％ |
| 群体 3 | 1 557 | 1 566 | 99.4％ |
| 群体 4 | 555 | 561 | 98.9％ |
| 合计 | 2 420 | 2 436 | 99.3％ |

注:已对初始分组案例中的 99.3％个进行了正确分类。

从表 1-4-2 可以看出,群体一"关注数"最大,从微博上获取的信息最多,"关注粉丝比"最大,说明此群体的重心在于获取信息,而不是影响粉丝,其"每日平均微博数"也最大,原创率相对其他三个群体较高,可见此群体的微博动机主要为获取信息和创造信息。因此本文将其命名为"大众信息源"。

群体二"关注数"也较多,"关注粉丝比"接近 1,说明此群体既注重获取信息,也希望影响粉丝。虽然此群体"每日平均微博数"也较大,但原创率是四个群体中最低的(转发率最高),可见此群体的微博动机主要为获取信息、影响粉丝和传递信息。因此本文将其命名为"大众传声筒"。

群体三"关注数"最少,不注重获取信息,但是"关注粉丝比"最小,说明用户更重视影响粉丝。虽然"每日平均微博数"最小,但原创率最高却是四个群体中最高的,可见此群体的微博动机主要为创造信息和影响粉丝。因此本文将其命名为"圈子信息源"。

群体四"关注数"较群体一、二少,较群体三人多,"关注粉丝比"接近1,说明此群体相比群体三更注重获取信息,"每日平均微博数"接近群体二同时原创率也较低,可见此群体的微博动机主要为获取信息和传递信息。因此本文将其命名为"圈子传声筒"。

四个群体在人口统计学特征和微博行为特征中的 41 个数值型变量、10 个分类变量上有显著差异,包括年龄、出生年份、使用微博总天数、勋章个数、我的标签(个数)、微群数量、关注的话题(数量)、游戏个数、粉丝数、活跃粉丝率、好友粉丝数分布率 0~100(%)、好友粉丝数分布率(1 000~1万)(%)、好友粉丝数分布率(1 万~10 万)(%)、好友粉丝数分布率(10 万~100 万)(%)、好友粉丝数分布率(>100 万)(%)、好友微博数分布率(>1 万)(%)、好友省份分布:第一(百分比)、好友省份分布:第三(百分比)、好友性别比例:女、好友性别比例:男、粉丝省份分布:第一(百分比)、粉丝省份分布:第三(百分比)、粉丝性别比例:女、粉丝性别比例:男、微博数、微博原创率、微博配图数、微博来源种类数、最常使用来源百分比、0 点发微博率、3 点发微博率、4 点发微博率、5 点发微博率、7 点发微博率、12 点发微博率、16 点发微博率、19 点发微博率、20 点发微博率、21 点发微博率、22 点发微博率、23 点发微博率、是否加 V、性别、地域(北上广)、地域(八大区域)、地域(城市)、是否透露姓名、是否透露职业、教育水平、是否透露教育信息、最常使用来源。这些微博行为特征和人口统计学特征上的差异将用于下文对四个群体的描摹。

## 二、AIO 小样本分析

对 247 个 AIO 小样本用户标记其所属群体,经过统计,四个群体的

AIO 样本分布(分别为 11.2％、14.5％、41.8％、31.7％)和四个群体的大样本分布(分别为 5.2％、7.4％、63.9％、22.9％)大致相似。

仍用"关注数"、"关注粉丝比"、"每日平均微博数"三个变量对 AIO 样本进行聚类,发现四个群体在"关注粉丝比"这一指标上已无显著差异,"关注数"与原始的 4 个群体是相近的,"平均每日微博数"都有提高(因为 AIO 样本本身平均每日微博数就较高),大小顺序与原始的四个群体相比是不变的。AIO 样本聚类形成的四个群体在 25 个数值型变量、5 个分类变量上有显著差异。大样本的 4 个群体和 AIO 样本的 4 个群体在微博行为和人口统计学的 28 项指标上都有显著差异,且大小顺序是相似的。由此可见,AIO 样本的特征与抽取的大样本特征基本是吻合的。

大样本聚类形成的 4 个群体在 AIO 生活形态特征的 5 个数值型变量、4 个分类型变量上有显著差异,分别是对社会议题发表消极看法的次数、对政治发表积极看法的次数、对政治发表消极看法的次数、对政治态度不明的次数、对产品发表消极看法的次数、是否加 V、是否已婚、是否有小孩、是否提及工作,这些 AIO 生活形态特征用于补充对以下对 4 个群体的描摹。

### 三、四个微博用户群体的特征描述

1. 大众信息源(127 人,占总样本的 5.2％)

群体一以男性为主(78.7％),华北(39.4％)尤其是北京人比例高(北上广占全部样本的 56.4％,其中北京又占北上广的 50.0％),年龄在 4 个群体中最大(33 岁,1978 年生),加 V 的较多(54.3％),学历相对较高(大学本科 40.5％,大学本科以上 10.7％),相对更愿意透露姓名(愿意透露占 28.3％)、职业(愿意透露占 72.4％)和学历(愿意透露占 66.1％)。不少是企业、媒体、党政机关的中高层负责人、大学教授、律师等专业人士。

群体一较早接触微博(使用微博 565 天),是微博深度用户,勋章(13个)、微群(近 20 个)、关注话题(2 个)、游戏(近 5 个)相对最多,标签相对较多(近 6 个)。一句话简介、标签主要是介绍自己的身份和爱好,前者如法律、志愿者、学者、地产、司法等，后者如旅行、电影、音乐、美食、明星等。加的群主要是社交群和爱好群，前者有互粉群、达人群、校友群、行业群、同城网友群等，后者有禅、茶文化群、明星群、摄影群、美食群等。关注的话题也主要与工作和爱好相关。游戏有微城市、JJ斗地主、火影无双等。

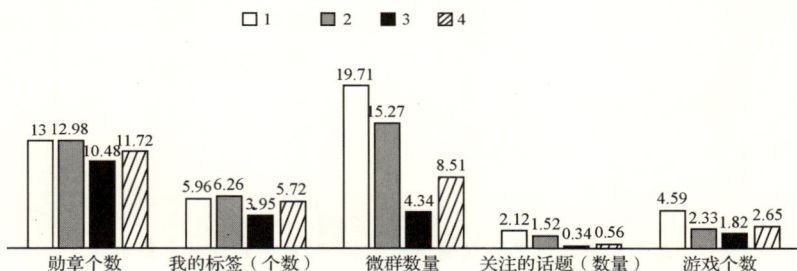

图 1-4-1　四个微博群体有显著差异的部分微博特征

群体一的关注数、粉丝数最多，省份分布较广，男性多于女性（好友中男性占 58.1％，粉丝中男性占 57.3％）。关注 1 838 人，更多地关注粉丝数在 1 000～10 万的普通名人（25.2％），较少关注粉丝数在 100 以内的微博新人（9.7％）和微博数 10 万以上的超级名人（好友粉丝数 10 万～100 万的占 11.3％，好友粉丝数＞100 万的占 4％）。粉丝数按关注粉丝比计算约 1 290 人（直接看粉丝数均值为 31 584 人），活跃粉丝相对最少（仅五成）。

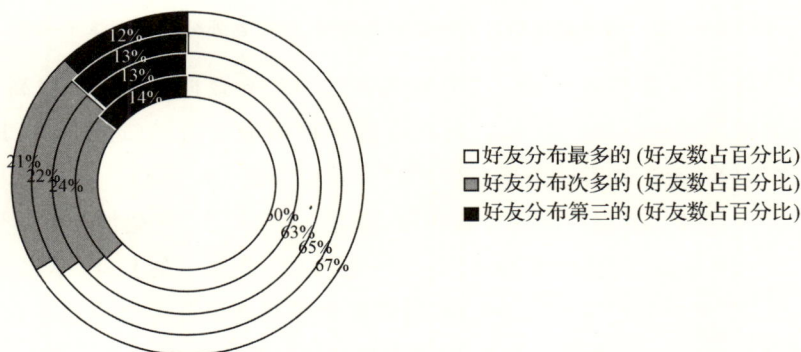

图 1-4-2　四个微博群体的好友省份分布特征（从内到外分别是群体 1—4）

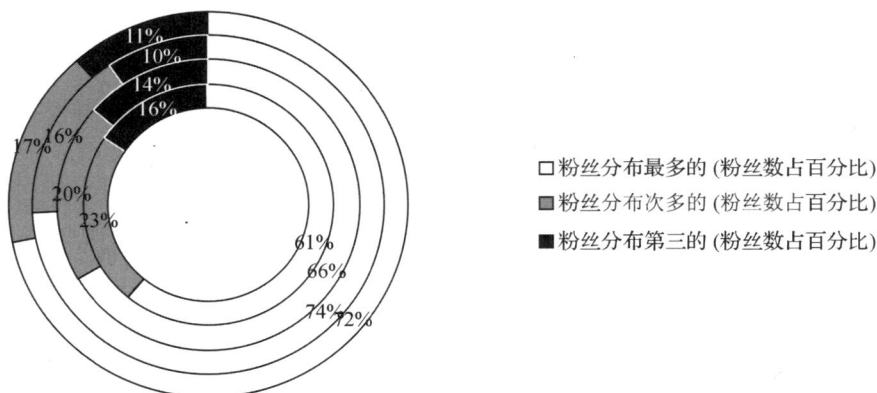

图 1-4-3　四个微博群体的粉丝省份分布特征(从内到外分别是群体 1—4)

粉丝分布最多的 (粉丝数占百分比)
粉丝分布次多的 (粉丝数占百分比)
粉丝分布第三的 (粉丝数占百分比)

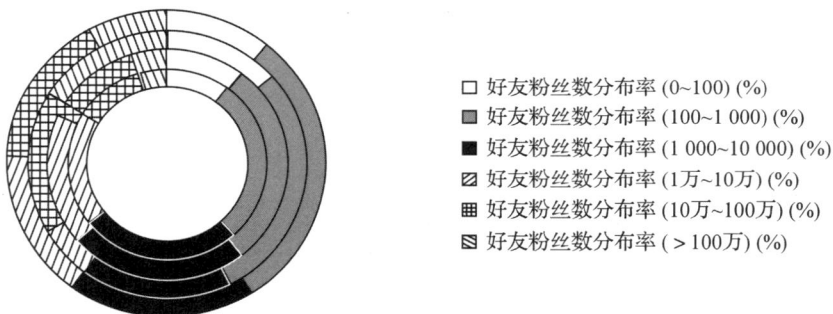

图 1-4-4　四个微博群体的好友粉丝分布特征(从内到外分别是群体 1—4)

好友粉丝数分布率 (0~100) (%)
好友粉丝数分布率 (100~1 000) (%)
好友粉丝数分布率 (1 000~10 000) (%)
好友粉丝数分布率 (1万~10万) (%)
好友粉丝数分布率 (10万~100万) (%)
好友粉丝数分布率 (>100万) (%)

　　群体一的微博数也最多,平均每天发 18 条微博,原创率较高(约 38%),配图率最低(约 27%)。喜欢通过多种渠道发微博(近 4 种),其中 PC 终端(47.6%)>移动终端(36.2%)>其他渠道(16.2%)。

　　四个群体发微博的时间大致相同,都是 1—7 点少(发微博率在 2% 以内),8—24 点多(发微博率在 4%～5% 左右)。群体一在上班(早晨 7 点 3.6%)、下班(傍晚 16 点 5.9%)时间的发微博率高于其他三个群体,晚上到凌晨(19—5 点)、中午(12 点)发微博率低于其他三个群体。

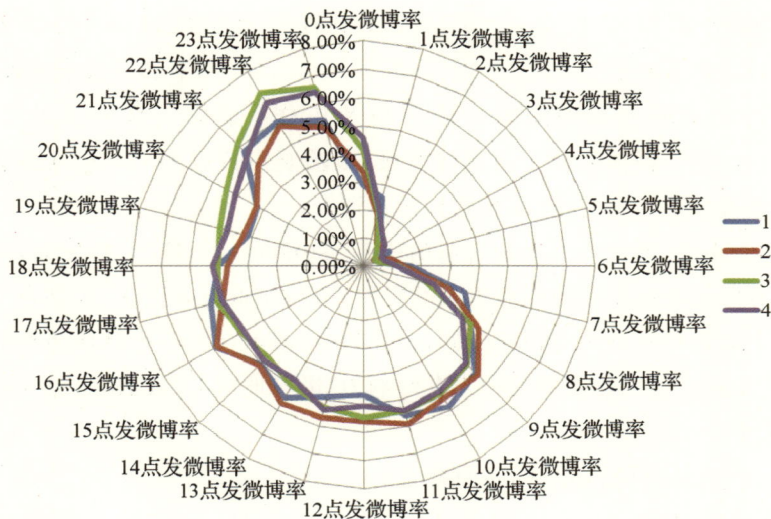

图 1-4-5　四个微博群体发微博时间分布

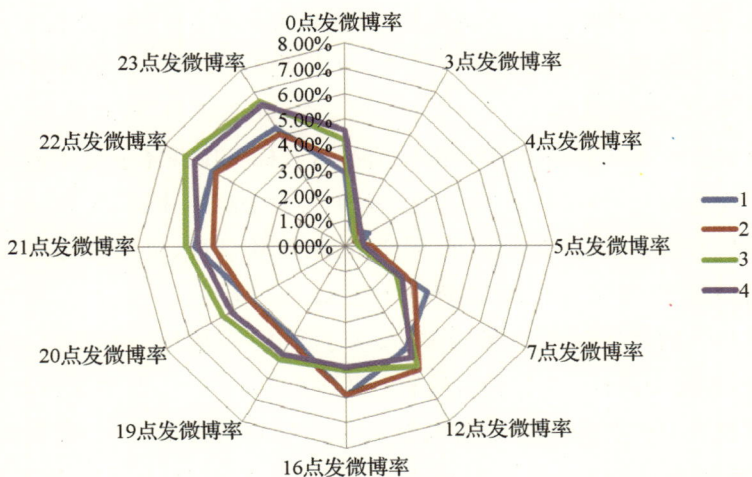

图 1-4-6　四个微博群体有显著差异的发微博时间分布

AIO 特征：(28 人,占 AIO 样本 11.2％)。

群体一加 V 比例最高(57.1％),本科以上学历最多(大学本科 29.6％,大学本科以上 22.2％)。已婚最多(52.2％),有孩子的比例最高 (40.9％),属于成长型家庭。较多提及工作(提及 2 次和 2 次以上 71.4％)。这一群体的社会态度较消极,政治观点最强烈——包括最多的 积极、消极和不明态度,产品态度相对不消极。

总的来说,群体一大多是行业的中高层(精英),年龄、学历较高,事业 有成,有伴侣和孩子。他们是忠诚的微博用户,注重获取信息,也勤奋发布 信息,主动彰显自己的身份和爱好,关注社会、政治、经济,将微博当作娱乐 消遣的工具。他们在微博上相当有影响力,影响地域广、人数多,是大众信 息的来源。

2. 大众传声筒(182 人,占总样本的 7.5％)

群体二中加 V 的比例多于其他 3 个群体(58.8％),男性偏多 (63.7％),华北(30.9％)和华东人(30.9％)较多,年龄仅次于群体一(29 岁,1982 年生)。主要是媒体人(编辑、记者、主持人、撰稿人)、艺人(模特、 音乐人、造型师、摄影师)、IT 界人士、市场相关从业者(广告、公关)。

群体二是最早接触微博的一批人(使用微博 582 天),标签最多(超过 6 个),勋章(13 个)、微群(15 个)、话题(约 2 个)相对较多,游戏较少(2 个)。 一句话简介中大多有身份的介绍,也有感言。标签比群体一更年轻、更潮, 体现了个人兴趣爱好,如星座、文化、漫画、美食、旅游、摄影、宠物、游戏、时 尚、营销、互联网;微群有行业群、同学群、明星粉丝群、星座群、爱好群等; 游戏有微城市、咖啡恋人、德克萨斯扑克、Q 将三国等。

群体二的关注数、粉丝数较多,仅次于群体一,地域分布较广,男性多 于女性(好友中男性占 56.9％,粉丝中男性占 53.8％)。关注 993 人,主要 是粉丝数在 100 以内的新人(好友粉丝数 0～100 的占 10.3％)和普通名人 (好友粉丝数 1 000～1 万的占 23.5％,好友粉丝数 1 万～10 万的占 8.3％),同样不怎么关注超级名人(好友粉丝数 10 万～100 万的占

13.1%,好友粉丝数>100万的占4.8%)。按关注粉丝比计算,粉丝数为962人(直接看粉丝数均值为13 182人),活跃粉丝较少(近六成)。

微博数较多,平均每天发8条微博,配图率较高(95%),原创率最低(35%),多是转发,发微博工具最多(4种),移动终端(40.7%)≈PC终端(38.7%)>其他渠道(20.7%)。相较其他3个群体,更常在他人休息的时间发微博,比如凌晨早晨(3—5点、7点)、中午下午(12点、16点),晚上深夜(19—23点)发微博率低于其他3个群体。

AIO特征:(36人,占AIO样本14.5%)。

群体二加V比例较高(52.8%),学历程度仅次于群体一(大学本科51.6%,大学本科以上 12.9%),也有较多高学历人士。较多未婚(76.0%),较少有小孩(87.0%),提及工作的频率最高(提及2次和2次以上72.2%),是工作狂人。他们的社会态度最消极,政治态度偏消极和态度不明,产品态度也最消极,是最爱批判的一类人。

总的来说,群体二主要从事传媒、IT行业,多是未婚青年,事业心强,爱好广泛,紧跟潮流,在消费上非常挑剔,使用iphone、ipad、android手机等移动终端的比例比群体一高。对他们而言,微博是能扩大社交圈、提升影响力的工具,他们爱转发、爱配图,乐于将有趣的或值得关注的信息传递给大众。

3. 圈子信息源(1566人,占总样本的54.3%)

群体三的加V比例最低(14.2%),女性(61.0%)多于男性,来自华东(26.9%)>华南(22.7%)>华北(20.8%)>其他地区,来自小城市(38.8%)>北上广(36.7%)>省会城市(24.4%),来自北上广的人中广东人(44.8%)>北京人(31.7%)>上海人(23.5%)。在四个群体中,这类人年龄最小(23岁,1988年生),学历相对最低(中学占62.9%,大学本科占34.6%),也相对最不愿意透露姓名(不愿透露占91.2%)、职业(不愿透露占42.7%)、学历(不愿透露占65.6%)。学生和白领较多。

群体三最晚接触微博(使用微博475天),非深度用户,勋章(10个)、标签(4 个)、微群(4 个)、关注话题(几乎为 0)、游戏(不到 2 个)都最少。一句话介绍多是感性概括自己是什么样的人,标签类型和群体 2 相似,主要也是个人的兴趣爱好,微群有同学群、明星粉丝群、星座群、爱好群等。

群体三的关注数、粉丝数最少,地域分布较为集中,女性多于男性(好友里女性占 53.3%,粉丝里女性占 56%)。关注 147 人,对粉丝数小于 100 的新人(13.3%)和大于 10 万的超级名人的关注率(好友粉丝数 10 万~100 万占 16.9%,好友粉丝数>100 万占 15.9%)多于其他 3 个群体。按关注粉丝比计算,粉丝数为 178 人(直接看粉丝数均值为 3 074 人),活跃粉丝较多(6 成)。

微博数很少,平均每天发 4 条微博,配图率最高(116%),原创率最高(42%),微博渠道相对最少(3 种),且最专注于用一种工具发微博,其他(35.3%)>移动终端(34.4%)>PC 终端(30.3%)。中午(12 点)晚上(19—0 点)空闲时间发微博率高于其他三个群体,凌晨(3—7 点)下午(16 点)发微博率低于其他三个群体。

AIO 特征:(104 人,占 AIO 样本 41.8%)

加 V 比例最低(15.4%),学历程度相对最低(大专及以下占 53.4%,大学本科占 42.0%),有最多大专及以下人士,未婚(81.1%)和无小孩(87.8%)的比例最高,最少提及工作(没有提及占 50.0%)。社会态度最不消极,政治态度最弱——最不积极、最不消极也最不明确,产品态度相对不消极。

总的来说,群体三是微博里最常见的普通用户,不轻易暴露个人身份(隐私信息),年轻,社交圈子小,主要的互动对象是现实中的朋友,相较其他三个群体更追逐超级明星。和亲朋好友保持联系(社交动机)及了解名人动态(接近名人动机)是他们使用微博的重要动机。他们不太关心社会大事,更关注内心情感和个人爱好,在自己的圈子里是积极的信息发布者。

4. 圈子传声筒(561 人,占总样本的 23%)

群体四中加 V 的比例较低(40.5%),男性(53.3%)略多于女性,地域上华北>华东>华南,来自北上广的人较多,北京(48.6%)>广东(31.1%)>上海(20.3%)。年龄约 26 岁(1985 年生),高于群体三,学历相对偏低(中学占 52.3%,大学本科占 44.8%)。这类人有各行各业的工作人员,也有少部分学生。

群体四较晚接触微博(使用微博 531 天),勋章(近 12 个)、标签(近 6 个)、微群(近 9 个)、关注话题(几乎没有)相对较少,游戏较多(近 3 个)。因为人群集合了前三个群体的特征,一句话介绍、标签、微群、关注话题也集合了前三个群体的特征。游戏有微城市、咖啡恋人、JJ 斗地主、德克萨斯扑克、微三国、梦想商业街、小小乐园等。

群体四的关注数、粉丝数都较少,但与群体三相比已经较多,微博圈子较大。地域分布较为集中,男性略多于女性(好友中男性占 52.6%,粉丝中男性占 51.5%)。关注 450 人,较少关注新人(好友粉丝数 0～100 占 10.3%),关注普通名人和超级名人较多(好友粉丝数 1 000～1 万占 18.8%,好友粉丝数 1 万～10 万占 15.4%,好友粉丝数 10 万～100 万占 15.7%,好友粉丝数>100 万占 7.9%)。按关注粉丝比计算,粉丝数为 481 人(直接看粉丝数均值为 16 322 人),活跃粉丝在四个群体中最多(高于六成)。

微博数较少,平均每天发 6 条微博,比群体三多,配图率较高(99%)、原创率较低(37.6%),微博工具较多(多于 3 个),但较专注于其中一种工具,移动终端(40.8%)>PC 终端(29.7%)≈其他(29.5%)。相较其他三个群体,更爱在夜晚到凌晨(19—5 点)发微博,早晨中午下午(7、12、16 点)发微博相对较少。

AIO 特征:(79 人,占 AIO 样本 31.7%)。

加 V 比例较低(27.8%),大学本科学历最多(60.6%),已婚(36.6%)比例仅次于群体一,无孩子(80.0%)的比例较高,有工作狂也有非工作狂(没有提及占 39.2%,提及 2 次或 2 次以上占 51.9%)。与群体三相比,群体四的社会态度和政治态度都更强烈，但不及群体一、二。产品态度与群体一相近，也不消极。

总的来说，群体四是微博普通用户中的社交达人，圈子比群体三大，在四个群体中粉丝活跃率最高，也最爱用移动终端发布微博。他们爱好广泛，关注时事，追逐明星和精英，热衷传递值得关注的信息，也颇受圈内人的追捧。

## 四、研究结论

基于使用动机的分群发现新浪微博中存在四个区别明显、个性鲜明的用户群体，阐述了各个群体的人口统计学特征、微博行为特征和 AIO 生活形态特征，为微博运营商和企业进行微博营销、个性化推送提供思路，展示了一套较为完整且具可行性的分群结构范式。

除此之外，研究还发现一些值得关注的传播现象。通过对四个群体好友粉丝数分布的分析，可以发现群体一关注的主要是群体一和群体二，群体二关注群体一、群体二、群体三和群体四，群体三关注的主要是群体三和超级名人，群体四关注的主要是群体一和群体二。群体一"大众信息源"大量制造"公共信息"，群体二"大众传声筒"和群体四"圈子传声筒"积极搬运信息，但是群体三"圈子信息源"未必会吸收这些信息。相反，群体三制造的"小众信息"则可能因为具有爆点通过群体二传送到群体一和群体三中。同样有趣的是，群体四"圈子传声筒"是唯一不怎么关注与自己相似用户的群体，相较圈子中的信息，他们更希望获取精英、明星群体的信息或经过"把关人"精心挑选的信息。

可以做出推测，大众传媒的"信息和影响的扩散"在微博中同样存在，艾里胡·卡兹和拉扎斯菲尔德提出的"两级传播"在微博中可以发展为"三级传播"。在微博世界中，仅占总用户数 5.2% 的群体一"大众信息源"制造出众多热门微博，是话语权的有力掌控者；推动微博转发的主力是仅占总用户数 7.5% 的群体二"大众传声筒"，群体二也就构成微博世界的意见领袖；紧随群体二的是占总用户数 23% 的二级意见领袖——群体四"圈子传声筒",他们将信息带入普通大众的圈子;群体三"圈子信息源"人多而言轻,虽然占总用户数的 64.3% 但并未掌控话语权。不过对群体三而言,其他三个群体关注的信息并不重要,真正令他们感兴趣的还是自己和超级名人们的生活。

## 第五节 基于微博发布时间的分群描摹

微博是 web3.0 时代社交媒体的代表,其优势是用户可以随时随地发布消息,突破时间和空间的限制。国内外传播学界对受众的媒介接触时间的实证研究多以人为客体,以媒介为主体测量他们的媒介接触行为,人才是媒介的主人,媒介接触是社会实践的一种,它总是在特定的社会物理环境、制度环境、关系环境以及人的心理环境、行为动机下进行。[①] 因此,探索人们 24 小时接触利用微博后的行为特点以及生活形态具有重要的意义。本文从微博发布的时间出发,利用快速聚类法对随机抽取的 2 452 个微博活跃用户分成 5 个族群,结合关注数等其他变量对 5 个族群进行描摹并进行命名。本文从中抽取 266 个微博重度用户,从"活动、兴趣、观点"三个维度对这些用户两个月的博文进行日志研究和内容分析进一步验证五类人群的生活形态。·

### 一、聚类分析结果

本节采用以发微博的 24 个节点为聚类变量,利用 K-means 快速聚类法,多次尝试之后,共聚成 6 组。各个组别在聚类变量上均有显著差异。由于其中一组只有 7 人,属于个案,因此将该组和缺失值剔除之后,得到现在的五个组别,共 2 427 个。其中,第一组 342 人,占 14%;第二组 673 人,占 28%;第

---

① 喻国明.媒介接触时间考察的新范式:研究框架的构建逻辑.国际新闻界,2010(9):32~36.

三组 409 人,占 17%;第四组 12 人,占 4%;第五组是 831 人,占 34%。

表 1-5-1　最终聚类中心

| 时间点 | 第一组 | 第二组 | 第三组 | 第四组 | 第五组 |
|--------|--------|--------|--------|--------|--------|
| 0 点 | 2.00% | 7.18% | 2.31% | 3.09% | 3.55% |
| 1 点 | 1.05% | 2.84% | 1.11% | 1.92% | 2.01% |
| 2 点 | 0.66% | 1.31% | 0.45% | 0.84% | 1.27% |
| 3 点 | 0.89% | 0.85% | 0.26% | 0.49% | 0.90% |
| 4 点 | 0.94% | 0.44% | 0.21% | 0.33% | 0.48% |
| 5 点 | 2.22% | 0.31% | 0.33% | 0.38% | 0.44% |
| 6 点 | 3.85% | 0.65% | 0.55% | 0.81% | 0.89% |
| 7 点 | 8.64% | 1.45% | 1.37% | 1.05% | 1.51% |
| 8 点 | 11.12% | 2.79% | 4.53% | 2.15% | 2.78% |
| 9 点 | 6.51% | 3.49% | 10.64% | 2.93% | 3.53% |
| 10 点 | 4.87% | 3.74% | 10.61% | 4.24% | 4.33% |
| 11 点 | 4.56% | 4.03% | 10.46% | 5.12% | 4.73% |
| 12 点 | 4.34% | 4.77% | 5.66% | 8.21% | 5.46% |
| 13 点 | 3.76% | 4.43% | 5.63% | 14.13% | 4.69% |
| 14 点 | 4.05% | 3.42% | 5.78% | 11.78% | 4.83% |
| 15 点 | 4.00% | 3.29% | 6.11% | 6.95% | 5.16% |
| 16 点 | 4.09% | 3.59% | 6.14% | 5.99% | 5.56% |
| 17 点 | 4.28% | 3.87% | 5.07% | 5.72% | 6.53% |
| 18 点 | 3.97% | 4.55% | 3.47% | 3.62% | 6.87% |
| 19 点 | 4.68% | 4.58% | 3.10% | 2.89% | 6.76% |
| 20 点 | 4.49% | 5.78% | 3.14% | 3.24% | 6.56% |
| 21 点 | 4.85% | 7.46% | 3.39% | 4.22% | 6.74% |
| 22 点 | 5.12% | 11.10% | 3.73% | 5.05% | 5.99% |
| 23 点 | 3.97% | 12.01% | 3.43% | 3.45% | 4.77% |

注:灰色部分表示该组发微博的高峰时间段。

由表 1-5-1 可以发现,每个组别发微博的时间各有特点。比如第一组,该组别的受众早上 7 点发微博频率增多一直到早上 9 点。白天微博频率基本稳定,晚上 10 点又出现发微博高峰。其他各组发微博的时间特点见表 1-5-2。

**表 1-5-2  各个组别微博发布的时间特点**

| 组别 | 微博发布时间特点 | 样本数 | 占总体比例 |
|---|---|---|---|
| 1 | 早上 7 点发微博频率增多一直到早上 9 点。白天微博频率基本稳定,晚上 10 点又出现发微博高峰。 | 342 | 14% |
| 2 | 早上八九点的时候发微博频率正常,一直到晚上 8 点。从晚上 8 点开始,发微博频率开始增多,一直持续到零点。 | 673 | 28% |
| 3 | 上午 9 点开始出现发微博高峰,一直到下午 5 点。特别是上午 9 点、10 点、11 点这三个时间点。 | 409 | 17% |
| 4 | 从上午 11 点发微博的频率开始增多,一直到下午 2 点出现高峰,其后开始频率开始下降,一直到下午 5 点。 | 172 | 4% |
| 5 | 从早上 10 点到晚 0 点,发微博频率比较稳定。特别是从下午 3 点到晚上 10 点。 | 831 | 34% |

## 二、与其他变量对应分析

为了进一步明确各个组别特征,在聚类分群的基础上,笔者以分群的组别为自变量,以微博研究的连续型变量为因变量进行 ANOVA 分析,发现显著性的变量 14 个,分别是关注数、微群数量、微博配图数、头像数量、使用微博总天数、微博原创率、好友粉丝数分布率(100～1 000)、好友粉丝数分布率(1 000～1 万)、好友粉丝数分布率(1 万～10 万)、好友微博数分布率(100～500(%)、好友微博数分布率(500～1 000)(%)、好友微博数分布率(1 000～5 001)(%)、粉丝性别比例(女)、粉丝性别比例(男)。将各组别与性别等分类变量进行卡方检验,有显著差异的变量有发微博终端、是否加 V、性别、地域、教育水平等。

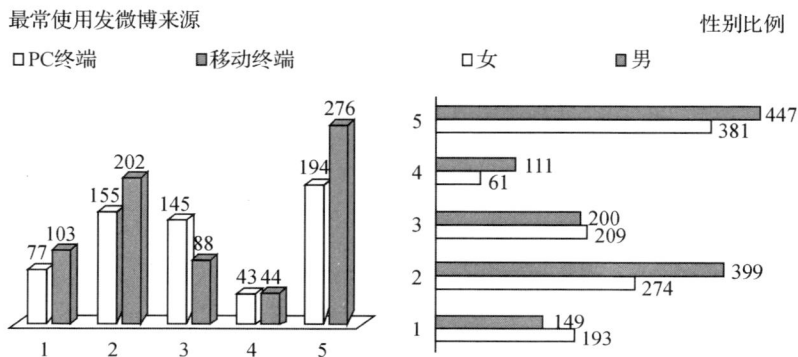

最常使用发微博来源

性别比例

图 1-5-1　五个组别中性别比例和最常使用发微博来源分布

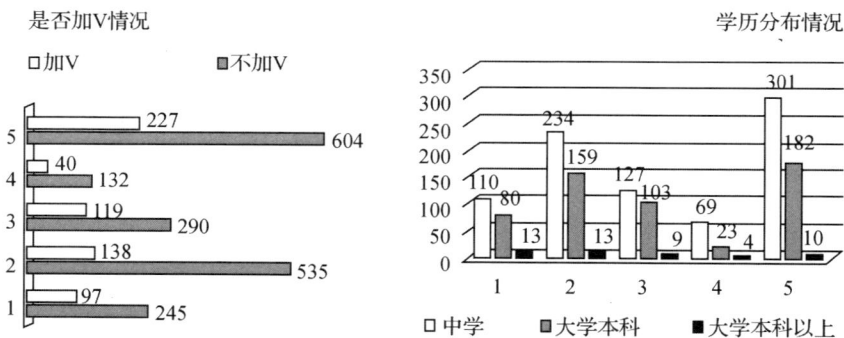

是否加V情况

学历分布情况

图 1-5-2　五个组别中是否加 V 和学历分布情况

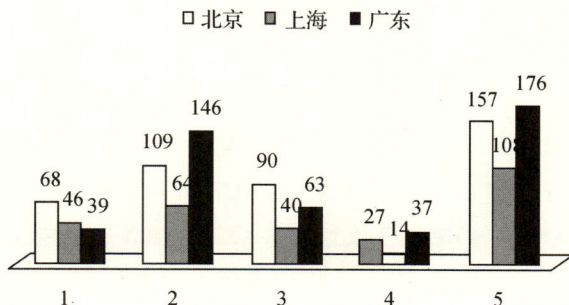

图 1-5-3　五个组别中地域分布情况

结合关注数等连续型变量和发微博终端等分类变量对分类的五个组别详细分析结果如表 1-5-3：

表 1-5-3　各个组别在显著性变量的均值比较

| 显著性变量 | 1 组 | 2 组 | 3 组 | 4 组 | 5 组 |
|---|---|---|---|---|---|
| 关注数 | 414.86 | 296.34 | 397.53 | 425.09 | 369.97 |
| 微群数量 | 7.42 | 5.94 | 7.74 | 7.45 | 6.98 |
| 微博配图数 | 211.23 | 160.3 | 217.61 | 158.27 | 225.16 |
| 使用微博总天数 | 495.92 | 501.52 | 518.39 | 445.17 | 507.54 |
| 好友粉丝数分布率 0—100(%) | 11.84% | 12.70% | 12.44% | 10.43% | 12.14% |
| 好友粉丝数分布率(100—1 000)(%) | 24.91% | 29.59% | 26.68% | 28.10% | 30.58% |
| 好友粉丝数分布率(1 000—1 万)(%) | 15.36% | 14.34% | 16.37% | 16.62% | 15.74% |
| 好友粉丝数分布率(1 万—10 万)(%) | 13.89% | 12.61% | 13.87% | 15.50% | 12.29% |
| 好友微博数分布率(100—500)(%) | 21.20% | 22.05% | 21.33% | 21.79% | 22.52% |
| 好友微博数分布率(500—1 000)(%) | 15.36% | 15.72% | 15.88% | 15.67% | 16.34% |
| 好友微博数分布率(1 000—5 001)(%) | 33.99% | 33.29% | 34.92% | 35.08% | 33.28% |
| 粉丝性别比例:女 | 50.99% | 53.47% | 51.59% | 54.48% | 53.22% |
| 粉丝性别比例:男 | 49.00% | 46.24% | 48.30% | 44.96% | 46.33% |

1. 第一组特征分析

从地域分布来看,北京、上海和广东占 1/3,加上省会城市,接近 1/2,该组用户集中于华北和华东一、二线发达城市。有趣的是,北京的用户关注人群集中于北京,上海的用户关注人群集中于北京和上海,广东的用户关注人群集中于广东。学历分布来看,中学和大学以上学历各占 1/3,比较均衡。男性(56.4%)略高于女性(43.4%)。加 V 人数接近 1/3,这些人群一般都公布自己的职业信息:从媒体人到大学老师到各个行业的中层管理者不等。在整个组别中,公布自己职业的人大约 1/2,在这些人群当中不加 V 的人数多于加 V 人数。从职业分布来看,从公司部门经理到普通员工,都有。平均年龄是 26.92 岁,但是公布年龄的却不到 1/3。

从微博核心价值变量分析,微博原创率均值 41.14%,在五个组别中排第二,也基本呈现正态分布。从最常使用发微博的终端来看,移动终端占据了接近 1/3,移动终端以 iPhone 和安卓等中高端智能机为主体。其次是电脑终端。微博配图低于 100 的占 1/3。头像数量均值是 3.76,而且基本呈正态分布,除个别达到 199,使用微博的时间均值在 495.92,接近 500天,跟整个大样本数接近。

该组别中,关注数均值在 414.86,其中关注数在均值以下的占多数,出现如关注数 1 000 以上的用户,这些人基本上都透露自己的职业信息和教育信息,基本上是企业的中高层管理者。同样的,在该组别关注的人群当中,他们的粉丝数分布在 100~1 000 和 1 万~10 万的比例最小,分别是24.9% 和 13.89%,且男粉丝和女粉丝的比例最为均衡。另一方面,从关注人群的微博数量来看,微博数在 1 000 以上的占了 1/3。附加功能变量微群数量等也揭示了受众的兴趣点。从微群数量看,该组别平均的微群数量是 7.42 个,在 5 个组别中位居第二。该组别内部差异较大,低于均值的个数接近 2/3,出现极大值 60。这类人群的微群也基本与他们的职业相关,比如学生的微群如星座、大学等,而地产公司、媒体等也是该行业的微群。该组中平均微博配图数 211 个,出现极大值 1 996。我的勋章、标签、话题这三个数值型变量没有呈现组间差异。从内容看,较多涉及兴趣爱好、从具体的吃喝玩乐到行业兴趣,较少涉及对自己的评价。

2. 第二组特征分析

此组别中,女性(59.3%)明显多于男性(40.7%)。从地域分布看,地域分布更加广泛。从北上广等一二线城市到三四线城市都有分布。而且有接近1/2的人群集中于北上广等一线城市。在这类人群中,广东的用户好友分布地域除了广东之外,是北京、香港等地,最后才是上海。有接近1/3的用户为中学学历,大学及以上学历明显少于前者。从职业信息来看,只有39.7%的人透露自己的职业信息,以学生、媒体从业人员以及公司中层领导为主。平均年龄是24.36岁,呈现左偏态。

微博原创率均值41.14%,在五个组别中排第二,也基本呈现正态分布。从最常使用发微博的终端看,移动终端占据了接近1/3的比例,移动终端以iPhone和安卓等中高端智能机为主体。其次是电脑终端。这跟第一个组别基本接近。该组别微博使用天数是501天,在五个组别中接近均值。

此组别关注数最少,平均只有269.34,且呈现左偏态。在关注数是极值的用户一般也有较高的微群数量和微博配图数,却较少关注话题。在该组别关注的人群中,好友粉丝数分布率(100~1 000)接近1/3,好友粉丝数分布率(1 000~1 万)占14%。好友粉丝数分布率(1 万~10 万)仅占12.6%,是五个组别中最少的,也就是说此组别的人较少关注微博大户。从关注人群的微博数量来看,好友微博数分布率(100~500)占22%,好友微博数分布率(1 000~5 001)占34.91%,五个组别中没有特别明显的差异,但关注的人群微博数较高的这群人关注数却较少,他们很少公布自己的职业信息,但从公布的职业信息来看,属于媒体从业人员。

此组别中微群数量平均5.94,而且有超过1/2的用户低于平均值。从微群名称来看,大多是娱乐性的微群。微博配图数160,将近2/3的人配图数低于均值。出现配图数超过500的一些极大值。头像数量的均值4.34个,高于第二个组别。近半数人的头像数量在2个左右。这类人群基本上较少更换自己的头像。

勋章个数平均是 10.47,也是呈现左偏态。半数以上的人几乎不关注任何话题,在关注话题的用户中,学生居多,话题内容也是涉及到娱乐八卦等。标签数均值是 4.59,标签个数为 0 和 10 以及以上的极端值占了 1/4,其余皆均匀分布。标签内容也多是兴趣爱好(自由、音乐、旅行、摄影等)。

3. 第三组特征分析

此组别中,男女性别比例最为接近。地域分布上,华北和华东占一半。北上广等一二线城市占了 1/2。中学学历和大学及以上学历分别占 1/4,但是此组别中有接近 59% 的用户愿意透露自己的教育信息。不透露自己职业的人数多于透露自己职业的人数,在透露自己职业的用户当中,公司以及普通员工占主体,不加 V 的居多。该组别用户平均年龄是 26.3 岁,呈正态分布。

此组别最常使用 PC 端发微博,占到 35%。微博原创率是 38.51%,在这个组别中,高原创率的用户也拥有较高的微博配图数,地域却集中分布在三四线城市。

该组别具有最多的微群数量,平均 7.74 个。从微群名称涉及从行业俱乐部到潮流时尚等无所不包,这一个组别中,微群涉及范围更加广泛。微博配图数为 217,大部分人群集中在 200 以下。头像数量 3.44,是五个组别中平均更换头像数量最少的一组。从关注数来看,此类人群的均值是397.53,占主体的还是关注数在 200 左右的用户,也出现关注数在 1 000以上的用户。使用微博总天数均值是 518,是五个组别中时间最长的,而且呈现正态分布。从关注的人群粉丝数量看,好友粉丝数分布率(100~1000)的比例较高,而且呈正态分布。从关注的人群微博数来看,好友微博数分布率(1 000~5 001)的居多,这些人群大多会透露自己的职业信息,属于企业的中高层人员,其微博的原创率也较高。男性粉丝多于女性粉丝,但比例较为接近。微群数量 7.45,微群数量位居第二。微博配图数158.27,数量最少,头像数量是 4.28,在五个组别中头像数量更换比较频繁。较少关注话题。

4. 第四组特征分析

该组中,女性明显多于男性。从地域上分布看,该组别在北上广等一线城市和三四线城市的比例相接近,都是 30％左右,较少透露自己的真实姓名。透露自己教育信息的人数明显高于不透露自己教育信息的人数。在透露自己教育信息的用户中,中学学历占主体。该组别中,有 1/3 的人公布自己的年龄。平均年龄是 22 岁,且集中分布在 25 岁以下。最常使用电脑发微博,且微博原创率最低,平均 31.78％。

该组人群中,关注数最多,均值是 425.09,平均使用微博总天数也最少,平均是 445 天。从关注的用户群来看,好友粉丝数分布率(1 000～1 万)和好友粉丝数分布率(1 万～10 万)的比例最高,总计占 1/3,且好友微博数分布率(1 000～5.001)也最高,该组别关注的名人微博比较多。女性粉丝明显高于男性粉丝。

5. 第五组特征分析

该组别也是女性多于男性。从地域分布来看,北上广占 1/2,北上广中,又以广东居多。从城市分布来看,以华东为主,其次是华南。另外,有将近60％的人透露自己的职业信息,在这些透露自己职业信息的人当中,中学学历远远高于大学及以上学历。不透露职业信息的人多于透露自己职业信息的人,透露职业信息的人当中,从学生到媒体从业人员,但较少公布具体职位。

该组的受众平均年龄是 24.48 岁,众数是 22,大部分人位于均值上下,属于年轻一族。该组别中,最常使用移动客户端发微博。微博原创率为41.58％,原创率最高,高原创率的用户喜欢在发微博的时候配图,这些高原创率的用户活跃粉丝率也比较高,互动比较多。从职业看,以学生和普通公司员工为主。

从微博配图看,微博配图数是 225.16 个,也是五个组别中比较高的。头像数量最多,是 5.43,头像更换频率比较频繁,很少关注话题。从标签内容来分析,标签数量较多的基本上公布了自己的职业信息,标签内容大多与自身职业相关。

该组别关注数居中,均值 369.97。好友粉丝数分布率(100～1 000)占 30.58%,是五个组别中比例最高的,好友粉丝数分布率(1 万～10 万)占 12.28%,是五个组别中比例最少的。从关注人群的微博数量分布率看,好友微博数分布率(100～500)占 22.52%,五个组别中最高,好友微博数分布率(500～1 000)占 16.338%,也是五个组别中最高的,该组别的人群喜欢关注普通用户。该组别中,女性粉丝数高于男性粉丝数。

通过以上分析,笔者分别对五个组别进行了命名,第一组是"时尚生活引领族",第二组是"普通上班和学生族",第三组是"传统白领族",第四组是"追星中的闷骚族",第五组是"白领加班出差族"。同时,对每个组别的主要特征进行了描述(表 1-5-4)。

表 1-5-4　各族群命名及其特征描述

| 族群命名 | 主要特征描述 |
| --- | --- |
| 1. 时尚生活引领者 | 早上八点是微博高峰期,其次是晚上 10 点。关注时尚生活,以各行业的中高层管理者为主。集中在一二线城市。 |
| 2. 普通上班和学生族 | 从早上八点到晚上 8 点发微博稳定。晚上 8 点以后出现发微博高峰。以学生、媒体从业人员以及公司中层领导为主。多贴上自己的兴趣爱好标签。 |
| 3. 传统白领族 | 上午 9 点开始出现发微博高峰,一直到下午 5 点。公司的普通员工为主。 |
| 4. 追星中的闷骚族 | 从上午 11 点发微博的频率开始增多,一直到下午 2 点出现高峰,其后频率开始下降,一直到下午 5 点。关注名人微博,微博原创率最低。很少晒自己的工作生活等内容。 |
| 5. 白领加班出差族 | 从早上 10 点到晚 0 点,发微博频率比较稳定。特别是从下午 8 点到晚上 10 点。出差、加班。既关注美食、也喜欢购物。既参加群体性娱乐活动,也关爱自己的家人 |

为了进一步验证聚类分析的结果,笔者对数据进行判别分析,对包含 5 组别变量的判别函数进行分类小结。可以看出,"时尚生活引领者"的 342 个样本中,有 314 个样本被判别正确,分类错判率为 8.2%。其他组别的判别结果见表 1-5-5。占总体比率 32.34% 的最大族群"白领加班出差族"的正确判别率为 94.50%。总体 2 427 个样本中 2 257 个样本被正确判别,各族群的平均正确判别率为 93%。

**表 1-5-5　判别回代结果**

| 组别 | 族群名称 | n | 回代比率 | N | 总体比率 |
|---|---|---|---|---|---|
| 1 | 时尚生活引领者 | 314 | 91.80% | 342 | 12.94% |
| 2 | 普通上班和学生族 | 632 | 93.90% | 673 | 26.04% |
| 3 | 传统白领族 | 371 | 90.70% | 409 | 15.29% |
| 4 | 追星中的闷骚族 | 155 | 90.10% | 172 | 6.39% |
| 5 | 白领加班出差族 | 785 | 94.50% | 831 | 32.34% |

## 三、结合 AIO 进一步分析

本节将 266 个 AIO 样本按照原始的微博永久地址对应 5 个族群中,构成了每个族群最活跃群体。有趣的是,5 个族群在 AIO 样本数据的比例分布跟在大样本数据的分布十分接近(表 1-5-6)。

**表 1-5-6　各族群在样本中的比例分布**

| 各族群 | 大样本数 | 占总体比例 | AIO 样本数 | 占 AIO 总体比例 |
|---|---|---|---|---|
| 时尚生活引导者 | 342 | 14% | 38 | 15% |
| 普通上班和学生族 | 673 | 28% | 74 | 29% |
| 传统白领族 | 409 | 17% | 41 | 16% |
| 追星中的闷骚族 | 172 | 4% | 11 | 4% |
| 白领加班出差族 | 831 | 34% | 91 | 36% |

在此基础上,对每个族群的最活跃群体的线上活动进行内容分析,描摹这些群体的生活形态,同时验证以上五个族群的分析结果,具体分析见表1-5-7。

表 1-5-7　5 个族群微博生活形态分析

| 各个族群微博生活形态分析 | | | |
|---|---|---|---|
| 族群名称 | 微博活动 | 兴趣爱好 | 态度评价 |
| 时尚生活引导族 | 提及工作较多,如公司开会、培训等。娱乐活动占主导,电影、电视剧、摄影等比较 fashion 的活动。国内旅游比较多,如去杭州、武夷山等旅游景点。有参加一些俱乐部,比如高尔夫球迷会。想买的品牌也多是高端品牌,比如施华洛世奇、欧莱雅、苹果等。此类人群也关注新的促销方式,比如微博的有奖促销。热爱运动,如高尔夫等。 | 兴趣爱好比较广泛:家庭、工作、娱乐、美食等提及率比较高。 | 积极关注社会热点话题,而且关注政府、经济、教育等领域的敏感话题。 |
| 普通上班和学生族 | 微博内容以娱乐活动和个人兴趣为主,同时工作也占一定的比例。兴趣爱好也基本是影视剧、拍照、美食等。也会参加一定的社交活动活动,比如同学聚会等。偶尔会提及国内旅游情况,但集中在东部沿海地区。购物不易受价格和促销影响。 | 热爱自己的家庭,关注美食。 | 积极关注社会热点话题,涉及政治、经济、教育各个领域,而且教育领域多是负面性的。 |
| 传统白领族 | 工作意识较强,也参加群体性娱乐活动,几乎不参加会员性质的俱乐部,购买便利品和选购品的居多(各占50%左右),购物中易受促销影响,不爱运动。 | 家庭意识较浓,偏向娱乐,有一定的时尚意识,爱美食,喜欢接触媒介。 | 注重自我成就,关注社会热点话题,既有积极态度也有消极态度。与此同时,也积极关注政治、经济。 |

续表

<table>
<tr><td colspan="4" align="center">各个族群微博生活形态分析</td></tr>
<tr><td>族群名称</td><td>微博活动</td><td>兴趣爱好</td><td>态度评价</td></tr>
<tr>
<td>追星中的闷骚族</td>
<td>很少社交活动,也不怎么旅游,很少晒购物情况……这类人群在微博活动的各个维度上都属于低度用户,也就是说在微博上很少能看到他们的工作、娱乐等生活情况。</td>
<td>这类人群家庭意识较强,提及自己的频率较高。热爱美食,微博上经常晒美食。</td>
<td>关注社会敏感话题,但是态度不明朗。对政治、经济、教育等其他话题不怎么关注。</td>
</tr>
<tr>
<td>白领加班出差族</td>
<td>提及自己工作的60%以上,涉及工作内容,特别是出差加班;有接近90%的人提及自己的兴趣爱好,旅行、电视剧、小游戏、体育运动。有37.4%的人提及自己的社会交往活动,既有生日派对也有公益活动。有接近30%的人提及自己的国内旅游,有接近10%的提及国内旅游。经常为在微博上晒娱乐活动(比例超过55%),内容以朋友聚会、唱K、电影为主。很少参与俱乐部活动。从购物情况来看,有半数的用户提及便利品,而接近40%的用户提及购买选购品,而且从选购品的品牌来看,以美食、电子产品及服装为主。而且这类人群在shopping过程中,很少受价格、促销等影响。这可能与他们关注有较强的品牌意识,有一定的经济实力有关。</td>
<td>这类人群家庭意识较强,平时给予家人的时间和精力较多(比例占60%左右),工作意识(75%左右),较多娱乐活动(80%左右),时尚意识(55%左右),热爱美食(85%),喜欢接触媒介(70%)。</td>
<td>关注的话题范围广泛,从政治经济到教育各个层面,而且既有正面也有负面。但是这些关注很少在微博上呈现出来。</td>
</tr>
</table>

## 四、研究结论

何黎等人认为，海量的微博数据蕴含兴趣爱好、生活方式、社交关系等丰富的用户信息。对微博运营商和企业而言，这些信息极具吸引力，他们希望挖掘核心用户的用户行为规则，了解用户需求，为用户提供个性化服务，推销新产品、投递广告[1]。张国安等人则指出，由于"关注"行为是用户在微博上获取信息的重要手段，所以微博运营商多采用"热点人物"、"共同好友"、"间接关注"模式为用户推荐合适的关注对象，却忽略了用户本身的行为和兴趣。[2] 同时，喻国明提出以人的实践逻辑为中心、全媒体生态下的媒介接触时间的多维度测量模型。他认为，全媒体时代，媒介传播的激增，受众族群的碎片化，时空情境因素对媒介接触的影响和作用力，媒介消费的复合化、伴随化、移动化，这些背景都应该考虑。[3] 伴随着微博对人们社会生活的渗透，人们本身在微博上暴露的"显性"行为和"隐性"特征，也可以通过其微博的使用时间表现出来，微博展示了用户一天24小时的生活状态。因此，本研究从用户发微博的时间特点出发，将中国微博活跃用户分为5个族群，分别是时尚生活引导族、普通上班族和学生族、传统白领族、追星中的闷骚族和白领加班出差族。这些族群在某些特征上不可避免地会交叉，比如，移动终端对时尚生活引导族和普通上班族都很重要。

来自《2012年中国微博蓝皮书》的资料显示，半数的微博用户发表微博、转发微博、评论、回复和浏览的时间都不固定，较为明显的两个活跃时间段分别是上午9：00—1：59和19：00—23：59。针对不同的微博行为也不相同，比如用户发微博的时间在17：00—次日11：59，浏览行为集中

---

① 何黎、何跃、霍叶青.微博用户特征分析和核心用户挖掘.情报理论与实践,2011(11):121~125.

② 张国安、钟绍辉.基于微博用户评论和用户转发的数据挖掘.电脑知识与技术,2012(27):6455~6456.

③ 喻国明.媒介接触时间考察的新范式:研究框架的构建逻辑.国际新闻界,2010(9):32~36.

在 12：00—18：59 整个午休及下午时间段。① 社会媒体时代对广告的精准投放要求越来越高,研究每个时间段的微博活跃用户并分析其生活形态,对于社会化媒体营销广告的精准投放有重要意义。未来的广告主会在不同的时间段精准推送不同的广告内容,这样,广告才会渗透进消费者的日常生活,实现广告投放回报的最大化。

## 第六节　基于网络身份识别的分群描摹

　　作为社交媒体的代表,微博上的用户越来越表露真实的自我。不同身份的用户使用微博的方式、特征及其上的价值观和生活方式方面都有较大差异,然而以往的研究却忽略了对微博用户身份识别的分群研究。目前,学界对于网络身份的研究刚刚起步,主要集中在两个方向。一是从传播学角度探讨真实身份表露对于网络人际关系建立的意义。喻国明认为"人际网络的构建与维护"是微博的核心功能[②];茅丽娜认为如果网上交流者不能降低交流对象的非确定性,人际关系的发展将会受到阻碍或很难获得[③];石磊认为自我认知既是传播主体对自身在网络中扮演的角色和行为的认知,更是他人对自我的角色评价和角色期待,个人真实身份及其表露是网络人际传播主体间建立信任的前提,也是相互认知的基础[④]。二是探讨虚拟空间中的网络身份与真实身份之间的身份认同问题。早期的研究认为网络身份实际上是网络空间中人的异化的表现[⑤],随着微博等社交媒体的发展,越来越多学者认为"隐匿于网络背后的个体逐渐重新回到现实

---

①　中国互联网数据中心(DCCI).2012中国微博蓝皮书.2013.

②　喻国明.微博价值:核心功能、延伸功能与附加功能.新闻与写作,2010(3).

③　茅丽娜.从传统人际传播角度观瞻CMC人际传播.国际新闻界,2000(7).

④　石磊.个人真实身份在网络人际传播中的影响.当代传播,2007(1).

⑤　郭东.网络空间的二元交叠及其对现实社会的影响.江西社会科学,2005(8).

中，并以真实生活中的身份暴露于网络中"[①]；刘中起、风笑天认为，网络互动者的自我塑造与自我呈现不仅受到个体知识层次、知识结构的限制，也受制于生活品位、价值理念、生活方式以及个性特征等的影响[②]。

　　微博用户最重要的网络身份就是"加 V"，即"个人身份认证"用户。"加 V"的基本条件包括绑定手机、有真实头像、粉丝不少于 100 人、关注数50 以上、提供与职业身份相关的认证资料。身份认证的目的是保障名人的合法权益，避免冒名顶替；提高用户的知名度和影响力。[③] 有学者将"加V"作为微博意见领袖识别的维度之一，在微博客平台上，被验证的用户往往在现实社会中具有一定的知名度，身份是否被验证潜在影响粉丝数量、微博转发量和回复量、微博观点认同度、用户影响力等[④]。彭兰关心网络话语权，其研究认为，微博上有话语权的用户一般是有一定社会地位与影响力的名人或在自身领域内有一定影响力的专业人士[⑤]，加 V 用户正是赢得话语权的这一部分人。宋恩梅、左慧慧通过实证研究发现，微博中核心成员和意见领袖的活跃程度与其在现实行业领域中的权力身份有密切的关联。[⑥]

　　微博身份认证将用户一分为二，透露职业与否则是将这两大群体从使用动机的角度再次细分。目前，学界尚无人研究人们在网络上透露职业的情况，但我们可以根据常理判断，微博用户并非盲目的，而是带有目的性地在微博上公开自己的职业信息。大多数调查机构对被调查对象身份的认

---

　　① 陈晓婧. 新网络社交时代的自我呈现. 淮阴师范学院学报：哲学社会科学版, 2012(2).
　　② 刘中起、风笑天. "虚拟镜像中的真实"——网络人际互动者的自我呈现. 安徽科技, 2002(7).
　　③ 杨承程. 新浪名人微博的传播特征研究. 辽宁大学硕士学位论文. 2012. 少页码(统一不加页码吧)
　　④ 王君泽、王雅蕾、禹航、徐晓林、王国华、曾润喜. 微博客意见领袖识别模型研究. 新闻与传播研究, 2011(6).
　　⑤ 彭兰. 网络传播与社会人群的分化. 上海师范大学学报：哲学社会科学版, 2011(2).
　　⑥ 宋恩梅、左慧慧. 新浪微博中的"权威"与"人气"：以社会网络分析为方法. 图书情报知识, 2010(3).

定以现实生活的身份为唯一标准,但事实上网络身份才是被调查者情感和愿望最真实的写照,一些调查表明了被调查对象的网络身份甚至比真实身份效用价值更高。① 本节将以"加 V"(身份认证)和"透露职业"为分群标准,对微博活跃用户进行基于身份识别的分群研究。

## 一、聚类分析思路与方法

本节利用大样本数据(2 446 个)进行聚类分析,大样本数据的分析思路是"分群—比较—描述",聚类基于"是否加 V""是否透露职业"两个变量,对于样本总体,用二步聚类方法进行初次聚类,再通过对样本的标签、一句话介绍的人工甄别,将其中的学生用户提取出来自成一类,最后分成五类,分别命名;聚类后,对品类变量和品质变量分别进行卡方和 ANOVA 检验,提取出各群体间具有显著性差异($p < 0.05$)的变量,进行比较;为更全面地了解各群体特征,描述品类变量采用聚类中心值(该聚类中累计频率最高值),采用置信区间为 95% 的修正均值描述品质变量。

为了验证大样本聚类结果,深入了解各用户群的价值观和生活形态,进一步分析小样本数据,基本思路是"检验显著性—提取特征—描述"。用卡方和 ANOVA 方法检验品类和品质数据的差异显著性,为了保证群体描述的完整性,不局限于有显著性差异的变量,而是对所有变量进行比较,提取出最能反映该群体特征的变量并描述。

本节侧重从与微博用户身份识别相关的指标中选择分群的主变量,由于大部分用户不愿透露收入和职业的具体信息,因此无法利用传统调查中用于识别身份的指标进行分群。借鉴前人研究成果,本节选择是否"加 V"和是否"透露职业"来代替传统的人口统计指标,前者代表该用户在微博上的身份层次高低,后者反映该用户使用微博的目的,用这两个指标进行分

---

① 张华、金定海. 网络调查分类及真实性再探. 西南民族大学学报:人文社会科学版,2012
(5).

群,既可以保证分群效率的最大化,也可以更客观和深入地反映不同身份的微博用户群体间的差异。

## 二、聚类结果

剔除掉 6 个分群主变量上信息缺失的样本后,采用二步聚类方法对 2 446 个样本进行聚类,由于"加 V"和"透露职业"都是二分变量,只有"是"与"否"两个维度,因此可以直接聚成 4 类,聚类程度为 100%;但进一步研究发现,学生群体对于分群质量造成较大干扰,一方面,大量学生将"学生"作为一门职业透露出来,但实际上这一群体与传统的"职业人"有明显的差异;另一方面,不加 V 且不透露职业的人群中也有许多学生,他们与群体内部的其他人在各项指标上都有较大不同。因此,为了确保分群的科学性,对样本的标签、一句话介绍所呈现的身份信息进行仔细甄别,提取出 293 个学生样本,单独划归为一群。最终得到 5 个群体(图 1-6-1)。

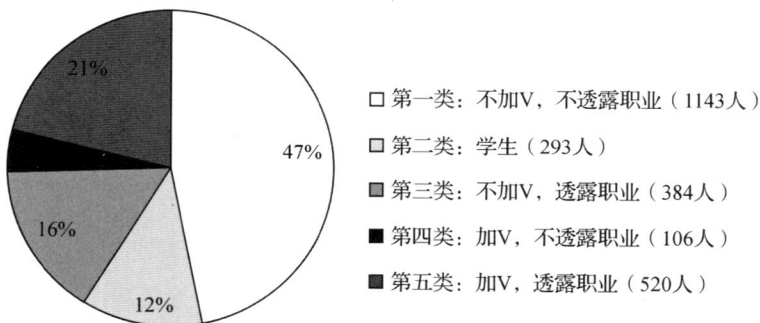

图 1-6-1  五类群体总数比例

第一类:不加V,不透露职业(1143人)
第二类:学生(293人)
第三类:不加V,透露职业(384人)
第四类:加V,不透露职业(106人)
第五类:加V,透露职业(520人)

## 三、细分人群微博各项指标比较

1. 人口统计特征与信息公开程度

根据卡方检验结果,五类人群在性别、教育水平、八大区域分布、一二三线城市比重,北上广三个城市分布比重上存在显著性差异(P<0.05),此外,年龄也通过了 ANOVA 检验,呈现显著性差异(P<0.05)。个人信息公开程度上,依据卡方检验结果,五类人群在姓名、年龄、教育水平、职业信息公开程度上都呈现出显著差异(P<0.05)。

性别上(图 1-6-2),第一类群体女性占比最高(65.8%),第五类群体男性占比最高(66.3%),第四类男女比例持平。年龄上(图 1-6-3),第二类群体平均年龄不到 21 岁,最年轻,较符合学生特征,第五类群体接近 30 岁,最成熟。

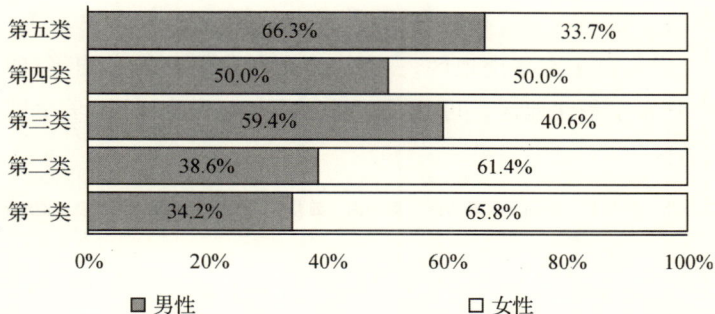

图 1-6-2　五类群体的性别比例

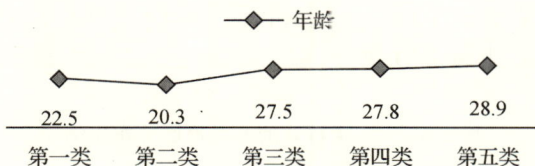

图 1-6-3　五类群体的年龄均值

教育水平上(图 1-6-4),五类人群所透露出的教育水平均以中学居多,第一类人群中中学教育水平比例最高,第三类人群大学本科及以上人数比例最多,教育水平最高,第五类人群次之。

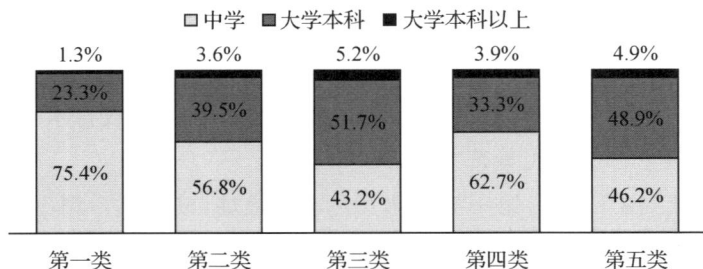

图 1-6-4  五类群体的教育水平

八个地区分布上(图 1-6-5),五类人群集中分布于华北、华南、华东,在东北和西北分布都较少。相对来看,第一类人群地区分布更均衡,华南地区最多;二类人群多在华南地区;三类人群则是华北与华南均等;四五类人群更集中分布于华北地区。可见,加 V 人群多在华北地区,学生则多在华南、华东地区。

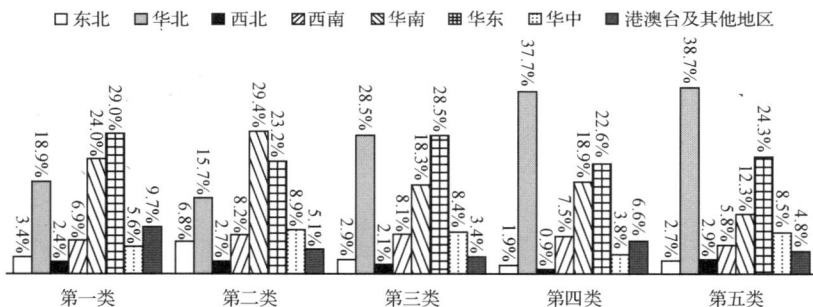

图 1-6-5  五类群体的八个地区分布比例

三类城市分布上(图 1-6-6),五类人群在直辖市和省会城市(除北上广)分布都较为均匀;第一类人群分布最为均衡;第二类有近一半的人分布于普通城市,其余四类在北上广分布较多,尤其是四五类人群,超半数分布于北上广。可见,加 V 人群更多分布于北上广三地,学生则多来自普通城市,第一类人群城市来源更加分散。北上广三个城市分布上(图 1-6-7),一二类人群在三个城市分布较为均衡,三四五类人群则更多分布于北京。

北京、上海、广州　其他直辖市、省会城市　其他城市

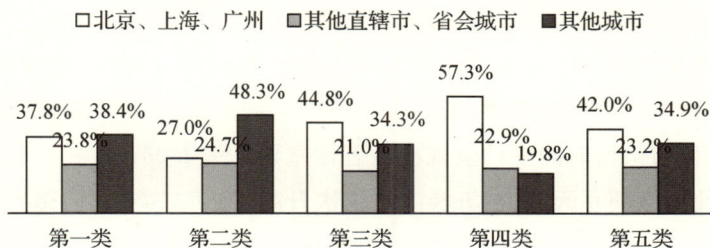

図 1-6-6　五类群体的三类城市分布比例

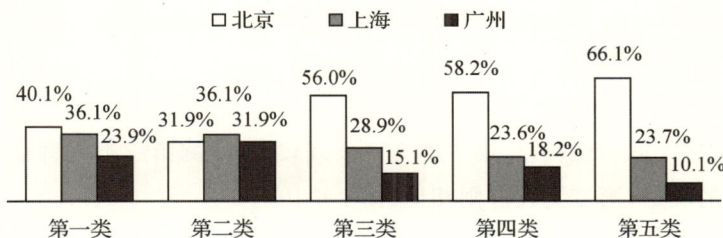

北京　上海　广州

図 1-6-7　五类群体在北京、上海、广州分布比例

信息公开程度上,各类人群对于教育水平的公开程度高于其他两项;第一类人群的信息公开程度最低;学生在教育水平和年龄上的公开程度较高;第五类人群在姓名上的公开程度最高,推测与其加 V 认证身份有关;其次,三四类人群公开姓名程度较高。

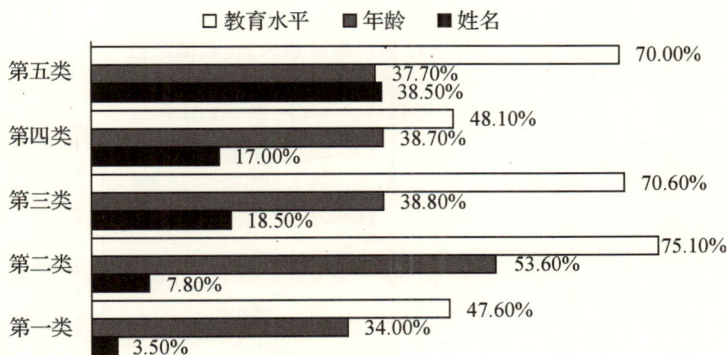

教育水平　年龄　姓名

図 1-6-8　五类群体的个人信息公开程度

## 2. 微博使用痕迹

依据 ANOVA 检验结果,五类群体在使用微博总天数、微博总数、每日平均微博数、微博原创率、微博配图率、勋章个数、关注话题数、标签数、微群数、发布微博时间上均呈现出显著性差异($P < 0.05$)。

在使用微博总天数上,五类人群依次升高;除第二类人群,微博总数也依次升高。第五类人群"微龄"达到 517 天,几乎是最早期使用微博者;微博总数上,第五类人群也是最高的;第二类人群"微龄"高于第一类人群,但微博总数却最少,推测其原因是时间、设备等条件所限,学生所能发布的微博较少(图 1-6-9)。

微博原创率和配图率在一定程度上反映微博内容的质量,在这两项上,第二类人群表现较差,第三类人群表现较好,推测第三类人群最注重微博内容的质量,第二类人群则相反(图 1-6-10)。

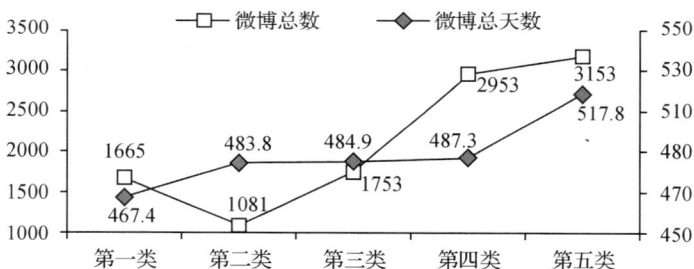

图 1-6-9　五类群体使用微博总天数、微博总数

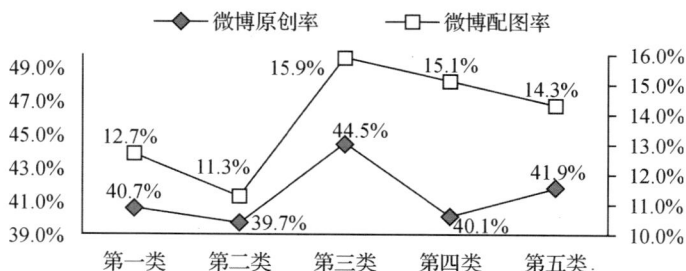

图 1-6-10　五类群体微博原创率、微博配图率

勋章个数、关注话题数、标签数、微群数在一定程度上反映用户在微博上的活跃程度,勋章越多,表示该用户在微博上参与的活动越多;关注话题数越高,意味着该用户在微博上参与讨论积极性越高;标签越多,说明该用户对自我评价的意愿和积极性越高;微群数越高,表示该用户所加入微博兴趣群组越多。在这几项上,三四五类人群表现得较为活跃,一二类人群则相对沉默(图 1-6-11)。

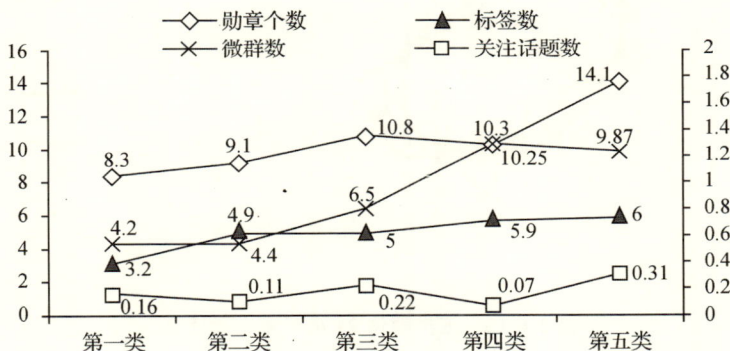

图 1-6-11  五类群体勋章个数、标签数、微群数、关注话题数

用户发布微博的时间与其职业和生活习惯息息相关,依据 ANOVA 检验结果,五个群体在 4 点、9 点、12 点、18 点、19 点、20 点、21 点、22 点、23 点呈现出显著性差异。第一类人群 23 点发微博率最高,有夜猫子的可能;第二类人群 4 点发微博率最低,而在 12、18、19、20、22 点最高,由于第二类人群为学生,推测他们很有可能利用午休和晚休时间发布微博;第三类人群在 4 点和 9 点发微博率最高,推测他们中间存在着较多的值夜班或者熬夜的人;第四类人群 9 点、12 点、18 点发微博率最低,而在 21 点最高,推测他们多为朝九晚五的上班族;第五类人群夜晚发微博率最低,其余时间较为均衡,推测他们一般在白天接触和使用微博(图 1-6-12)。

3. 微博影响力表现

依据 ANOVA 或卡方检验结果,五类群体在粉丝数、关注数、好友粉

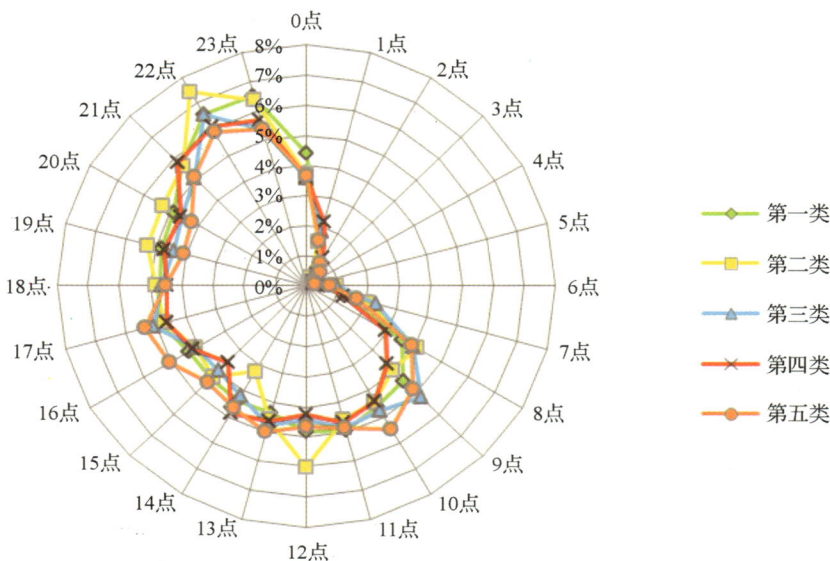

**图 1-6-12 五类群体 24 小时发布微博率**

丝数、好友微博数上均呈现显著性差异（P＜0.05）。

　　粉丝数在一定程度上反映微博用户的影响力，关注数则反映用户以微博作为信息来源的使用程度。五类人群粉丝数都高于关注数；第二类人群粉丝数最低，可能与其社交范围及能力较有限相关；第五类人群粉丝数远远高于其他人群，且关注数与粉丝数比例悬殊，推测该人群微博影响力相当高；第四类和第三类人群的粉丝数也相对较高（图 1-6-13）。

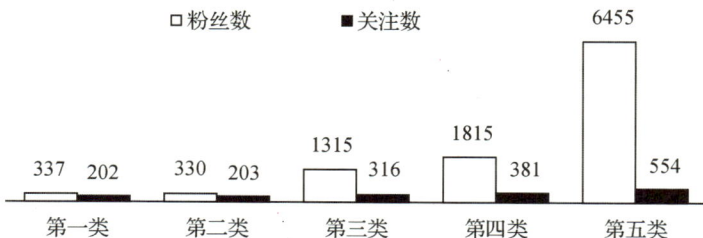

**图 1-6-13 五类群体的粉丝数、关注数**

　　好友粉丝数反映该用户关注人群的影响力,如图 1-6-14 所示,第五类人群对粉丝数 100 万以上的用户关注最少(5.8%),第一类人群最高(14.7%);第四类人群对粉丝数 0~1 000 的用户关注最多(43.5%)。推测第一类人群可能多利用微博"追星"或获取资讯,而第四类和第五类人则更关注微博上的普通人。

　　好友微博数代表好友信息发布能力,一定程度上反映好友将微博作为信息来源的程度。第五类人群对于微博数 1 万以上的用户关注度最低(3.6%),第一类人群最高(6.1%),说明第一类人群更有可能将微博作为信息来源渠道,第五类人群则相反(图 1-6-15)。

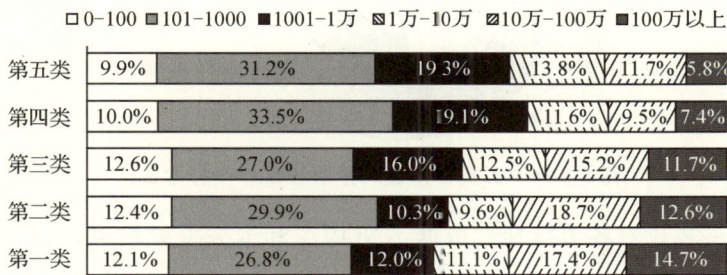

□ 0-100　■ 101-1000　■ 1001-1万　\\ 1万-10万　▨ 10万-100万　■ 100万以上

| | | |
|---|---|---|
| 第五类 | 9.9% | 31.2% | 19.3% | 13.8% | 11.7% | 5.8% |
| 第四类 | 10.0% | 33.5% | 19.1% | 11.6% | 9.5% | 7.4% |
| 第三类 | 12.6% | 27.0% | 16.0% | 12.5% | 15.2% | 11.7% |
| 第二类 | 12.4% | 29.9% | 10.3% | 9.6% | 18.7% | 12.6% |
| 第一类 | 12.1% | 26.8% | 12.0% | 11.1% | 17.4% | 14.7% |

**图 1-6-14　五类群体的好友粉丝数量级**

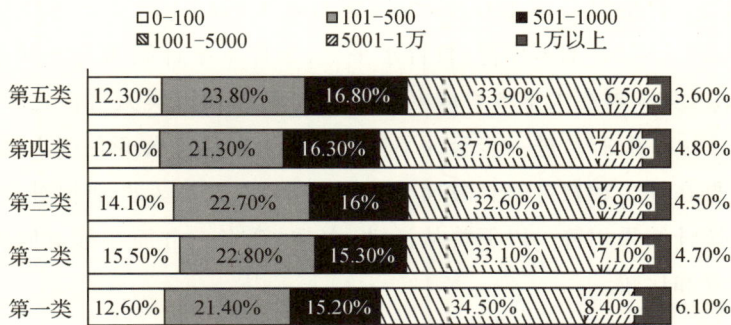

□ 0-100　■ 101-500　■ 501-1000　▨ 1001-5000　▨ 5001-1万　■ 1万以上

| | | |
|---|---|---|
| 第五类 | 12.30% | 23.80% | 16.80% | 33.90% | 6.50% | 3.60% |
| 第四类 | 12.10% | 21.30% | 16.30% | 37.70% | 7.40% | 4.80% |
| 第三类 | 14.10% | 22.70% | 16% | 32.60% | 6.90% | 4.50% |
| 第二类 | 15.50% | 22.80% | 15.30% | 33.10% | 7.10% | 4.70% |
| 第一类 | 12.60% | 21.40% | 15.20% | 34.50% | 8.40% | 6.10% |

**图 1-6-15　五类群体的好友微博数量级**

### 四、重度使用者 AIO 分析

将 248 个 AIO 小样本按其在大样本中所属类别分群,样本量分别为 91、17、44、17、79,所占比重与大样本聚类结果大致吻合(图 1-6-16),说明基于身份对普通微博活跃群体的分群方法。

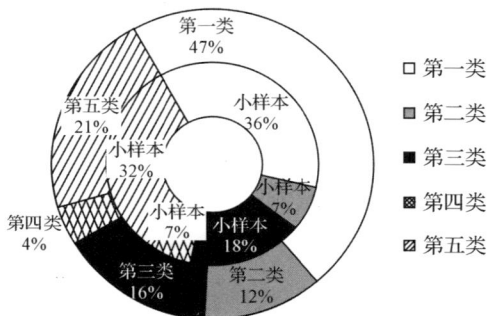

**图 1-6-16 五类群体在大样本与 AIO 小样本占比**

进一步比对各项指标。依据 ANOVA 和卡方检验结果,人口统计特征方面,五类人群在年龄、教育水平上表现出显著性差异($p < 0.05$),小样本中,五类人群年龄均值分别为 22、21、33、31、30,除三四类差异稍大(由于这两类人群中年龄样本较少,统计偏差较大)以外,与大样本统计结果(23、20、28、28、29)基本相符;教育水平上,小样本统计结果与大样本基本一致,第二类人群在大学本科以上学历占比为 0,四五类人群占比较高,分别为 7.1％和 6.3％,进一步验证了前面的推测。信息公开程度方面,三四五类人群在姓名和教育信息方面公开度较高,一二类人群则相对较少,与大样本统计结果相符。以下将从活动、兴趣、观点三方面特征对四类群体进行诠释和比较。

1. 活动关键词:高级俱乐部(club membership)

"活动"层面上,依据卡方检验结果,五类群体的 AIO 样本在提及"高级俱乐部"(club membership)次数方面存在显著性差异($p < 0.05$)。第二

类人群全部没有提及，验证其学生身份；第四类人群提及 1 次以上占比最高（23.5％），其次为第五类人群（11.4％），显著高于第一类（8.8％）和第三类（2.3％）人群（图 1-6-17）。"高级俱乐部"一项表示用户成为高级俱乐部的会员并参与其活动情况，实际上反映了用户较高层次社会交往行为。从分析结果来看，四五类人群参与度较高，意味着其在较高层次社交范围中较为活跃；一、三类人群则相反；第二类人群由于其学生身份所限，很难参与类活动中来。

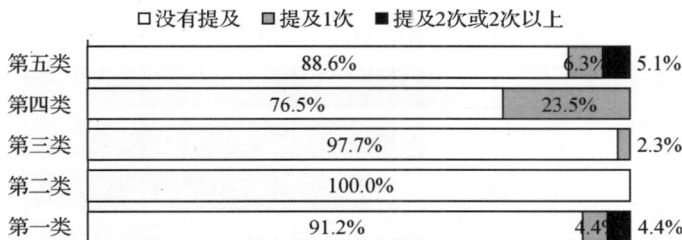

图 1-6-17　五类群体的高级俱乐部提及次数占比

2. 兴趣关键词：家务活动（home）、工作（job）

"兴趣"层面上，依据卡方检验结果，五类群体的 AIO 样本在提及"家务活动（home）"和"工作（job）"次数方面存在显著性差异（p＜0.05）。对比家务活动与工作，第五类人群提及家务最少（未提及 75.9％）而提及工作最多（提及 2 次及以上 72.2％），第四类人群次之；第三类人群提及家务活动最多（提及 1 次及以上 59.1％），他们的工作提及次数仅次于第四类人群（没有提及 31.8％）；第一类和第二类人群在两项上的提及次数较为均衡，后者比前者的提及率略高（图 1-6-18）。综合来看，四五类人群比较以事业为重，第三类人群则是家庭与事业兼顾，一二类人群未表现出明显的倾向。

3. 关键词：自己（themselves）、政治事件（politics）

"观点"层面上，依据 ANOVA 检验结果，五类人群在各项指标的总提及次数上并无显著性差异（P＞0.05），进一步分析发现，对"自己"的积极评

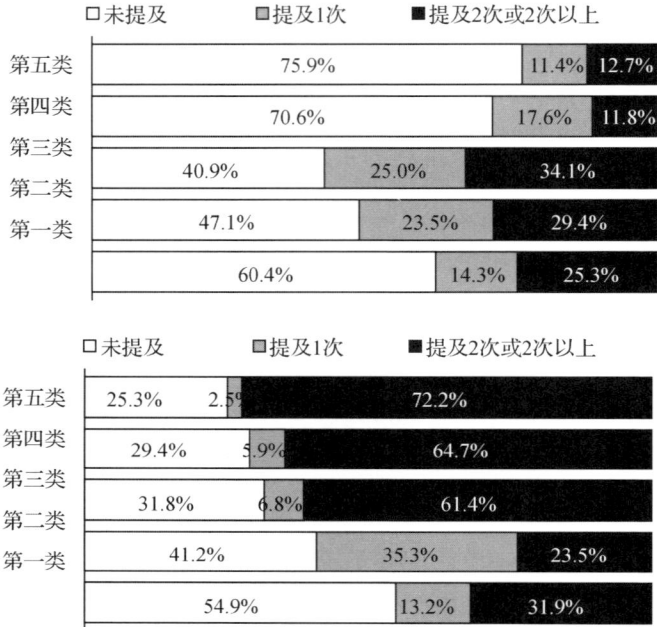

图 1-6-18　五类群体的家务活动(左)和工作(右)提及次数占比

价和对"政治事件"不表明立场的评价方面,五类人群表现出显著性差异(p
<0.05)。从提及次数可以发现,第三类人群对自我评价最为积极(均值
2.57),第五类人群更倾向于不表明立场地评价政治事件(均值0.96)。

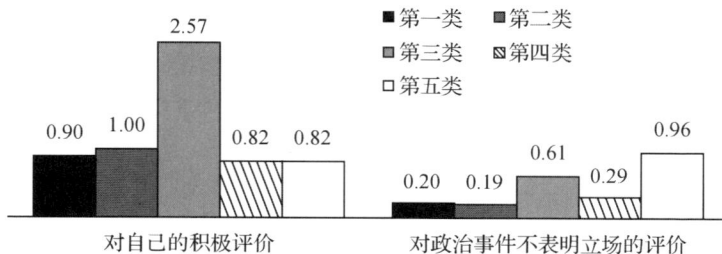

图 1-6-19　五类群体对自己与政治事件评价次数

### 五、五类群体特征描摹

综合活跃用户的人口统计特征、信息公开程度、微博使用痕迹、微博影响力,综合重度使用者的活动、兴趣、态度分析结果,本节对五类群体分别予以命名并进行全方位的描摹。

1. 群众(不加 V,不透露职业信息)

群众是微博上最为普遍的人群,占活跃用户的 47%,他们喜欢在微博上表达自我,分享生活,较少在微博上谈工作、社会和国家等严肃话题,对于他们来说,微博是用来娱乐和休闲的生活调剂品。

他们大多是女性,20 岁出头,大学本科学历,来自祖国各地的各类城市,他们不大喜欢透露年龄信息和教育信息;在微博上,他们并不算活跃,平均每人只换了 2 次头像,给自己贴了 3 个标签,得到了 8 个勋章,加入了 4 个微群,玩一两个游戏;他们的微博年龄不到 500 天,微博总数不到 2 000 条,平均每天发三四条微博,微博原创率达到四成,每发 10 条微博,大概会有 1 条配图微博;他们发布微博的终端种类最少;微博影响力平平,好友比较少,仅有 200 多个,粉丝也仅有 300 多个,他们的粉丝多集中在一两个省份,女性粉丝比男性粉丝多,好友所在地域最为分散,也是女性比男性多,他们所关注的人中,除了自己所熟知的普通人,明星和大户所占比例较高;他们在 23 点的发微博率是最高的,有夜猫子的可能。

2. 学生(不加 V)

学生群体人数并不多,占活跃用户的 12%。他们是微博上比较沉默的一群,或许由于时间、设备和个人阅历所限,分享的信息较为局限,多是个人爱好、家庭信息和学校活动,对于社会、国家等宏观问题也较少表达观点。

他们大多是女性,20 岁左右,中学学历居多,较多人来自普通城市,他们乐意透露自己的年龄,却不喜欢透露教育信息;在微博上,他们除了比较喜欢换头像、贴标签、得勋章之外,关注的话题很少,也不喜欢加入微群,他们的微博年龄 480 多天,是最"低龄"的群体,微博总数也是最少的,只有 1 000 余条,平均每天仅发不到 3 条微博,微博原创率也是最低的,仅有 39.7%,也很少给微博配图;基本只用 1 个终端发布微博;他们的微博影响力最小,好友最少,仅有 200 多个,粉丝也仅有 300 多个,粉丝的地域分布最集中,大多都在一个省份,女性粉丝比男性粉丝多,好友也是女性比男性多,好友所在地域也较为集中,他们关注最多的人是和自己一样的普通人,其次是明星和微博大户,有一定的追星倾向;他们在清晨的发微博率是最低的,而在 12、18、19、20、22 点则最高,很有可能是利用午休和晚休时间发布微博。

3. 打拼族(不加 V,透露职业)

打拼族人数稍稍多于学生族,占活跃用户的 16%。他们是微博上最为活跃的群体,常常在微博上分享与生活、工作、社会活动相关的信息,他们家庭与事业并重,比较关注社会和国家大事,对于一些社会事件常持较为消极的看法。

他们大多是男性,27 岁左右,学历多样,来自祖国各地,其中接近一半的人来自北上广,他们不喜欢透露自己的年龄和教育信息;在微博上,他们是比较活跃的群体,平均有 3 个头像,5 个标签,11 个勋章,加入六七个微群,微博年龄 480 多天,微博总数为 1 700 多条,平均每天发三四条微博,他们的微博原创率是最高的,达到 44.5%,最喜欢给微博配图,配图率达到 15.9%;发布微博的终端比较固定;他们的微博影响力一般,好友 300 多个,粉丝 1 300 多个,但活跃粉丝率最高,达到 62.3%。他们的粉丝所在地域比较集中,超过半数都在一个省份,男性粉丝比女性粉丝多,好友所在地域比较分散,也是男性比女性多。他们关注的人较为多元,最多为普通人,其次是具有一定影响力的中层用户,对明星和微博大户的关注相对较少,说明他们比较注重在微博上拓展现实生活中的社交圈子;他们在清晨(4点)和上午(9点)的发微博率是最高的,推测这类人中存在着较多的值夜班或者熬夜的人。

**4. 达人（加 V，不透露职业）**

达人是微博上规模最小的群体，活跃用户中仅占比 4%，他们在微博上常常扮演意见领袖，积极参加各种社会活动，领导着自己的圈子或群体，他们很少追随潮流，但对于社会热点和国家形势，常常发表比较睿智深刻的观点。

他们中男女各半，28 岁左右，大学本科学历居多，是五类人群中学历最高的一群，许多来自华北地区一线城市，他们不喜欢透露自己的年龄和教育信息；在微博上，他们非常活跃，头像更换最频繁，平均换 3 次以上，贴 6 个标签，10 个勋章，加入 10 多个微群，玩 2 个游戏；微博年龄 480 多天，微博总数接近 3 000 条，平均每天发 5 条微博，微博原创率 40%，他们比较喜欢给微博配图；发布微博的终端比较多样，接近 4 个；其微博影响力较高，好友 380 多个，粉丝 1 800 多个，但活跃粉丝率最低，为 53.2%。粉丝所在地域比较分散，男性粉丝比女性粉丝多，好友所在地域比较集中，男性比女性多，他们关注的人主要是普通人和中层用户，对明星和微博大户的关注最少，说明他们比较关注与实际生活关系密切的用户和信息；他们在上午、中午和傍晚的发微博率是最低的，在 21 点发微博率最高，推测这类人多为朝九晚五的上班族。

**5. 权威（加 V，透露职业）**

权威在活跃用户中占比 21%，他们是微博上资历最高，现实中身份和地位也比较高的群体，他们较少在微博上展示私人化或生活化的信息，多分享职业或工作的信息，比较关注社会和国家大事，对政治往往有较高的敏感度。

他们中男性居多，30 岁左右，比其他人群都要成熟，学历多样，大学本科以上学历超过 1/3，较多来自华北地区的一线城市，他们不喜欢透露自己的年龄和教育信息；在微博上，他们是最活跃的群体，平均有 3 个头像，6 个标签，14 个勋章，加入 10 个微群，微博年龄 518 天，最"高龄"，微博总数最多，为 3 100 多条，平均每天发微博数最多，为五六条，微博配图最高；发布微博的终端最多样；他们的微博影响力最强，好友最多，为 554 个，粉丝也最多,为 6 455 个,粉丝所在地域最为分散,男性粉丝比女性粉丝多,好友所在地域比较集中,男性比女性多,他们所关注的人的身份较为均衡,最多为普通人,其次是明星和微博大户,最后是具有一定影响力的中层用户,说明他们所需求的信息较为多元,社交面较为广阔;他们在夜晚的发微博率是最低的,推测这类人一般在白天接触和使用微博。

### 六、新浪微博活跃用户构成

根据上述分析,按"身份阶层"和"利用微博实现职业发展的重要性"两个维度对微博用户构成进行划分(图 1-6-20),身份阶层可以依据各类人群加 V 及透露职业状况来判断,利用微博实现职业发展的重要性依据 AIO 分析中用户在各项指标上的提及程度判断。由图可见,身份阶层上,学生和群众、打拼族、达人和权威依次上升;职业发展重要性上,学生、部分群众和达人最低,打拼族和权威相对较高。从构成比例上来看,群众和学生占比 59%,权威和达人占比 25%,打拼族占比 16%,三者比例接近 6:2:3。

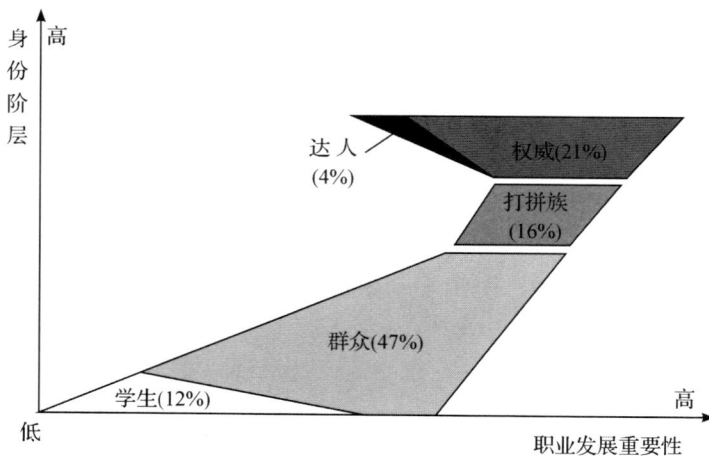

图 1-6-20    新浪微博活跃用户构成简图

## 七、研究结论

至此,本节实现了基于身份识别对新浪微博活跃用户的大样本系统分群,本文利用"加 V 认证"、"透露职业信息"两个客观指标,以及对"用户标签"、"一句话介绍"的解读,对样本进行了有效地身份识别,获得的五类群体有较优的内部一致性与群体间差异。

五类人群在人口统计特征(性别、年龄、教育水平、地域)、信息公开程度(姓名、年龄、教育水平)、微博使用痕迹(使用微博总天数、微博总数、每日平均微博数、微博原创率、微博配图率、勋章个数、关注话题数、标签数、微群数、发布微博时间),以及微博影响力(粉丝数、关注数、好友粉丝数、好友微博数)方面均存在显著性差异,此外,通过 AIO 解读,发现他们在活动(高级俱乐部)、兴趣(家务活动、工作)及观点(对"自己"和"政治事件"的评价)方面也有显著差异。

根据分群标准,根据各群体用户在微博各项指标及微博内容上的不同表现,可将五类人群分别命名为群众、学生、打拼族、达人、权威。群众人数最多(47%),喜欢表达自我,分享休闲娱乐内容,常在半夜发微博,微博活跃程度和影响力较低;学生年纪最轻,喜欢发布自己和学校的新鲜事,原创率最低,常在午休和晚上放学后发微博;打拼族最为活跃,生活、工作、社会活动、国家大事无所不分享,他们非常注重微博人际交往,常在清晨和上午发微博;达人学历最高,透露信息最少,常在夜间黄金时分发微博,他们热衷于各种社会活动,在自己的圈子或群体里非常有影响力,很少追随潮流,保持对国家和社会的深刻思考;无论在微博还是现实中,权威的身份和地位都较高,微博影响力也最高,他们常常发布职业信息、社会和国家大事,对政治往往有较高的敏感度,常在白天发微博。

根据身份阶层和职业发展重要性两个维度,本文对新浪微博活跃用户的构成进行了划分,学生与群众共同构成活跃用户的基石,打拼族成为中流砥柱,达人和权威则接近于精英阶层,三个阶层人数比例接近 6∶2∶3。

根据社会认同理论,社会身份的形成是自我概念中相应要素被激发、发展和内化的过程,也是自我概念的重要部分与相应群体特征的融合的过程①。微博是消费者构建或维护社会身份的重要渠道,微博上的身份识别既反映了消费者的自我概念,成为身份群体不断融合和类化的基础。把握好新浪微博这类社交媒体活跃用户(尤其重度使用者)中五类消费者的差异及优势,将有利于制定与实施个性化行销与细分策略。

## 第七节　人口统计差异与极端值个体用户研究

前面几节的研究以用户分群为主,本节则呈现数据分析过程中发现的人口统计差异,对一些极端值个体用户进行研究。极端值个体用户虽然是"个别的",缺乏普遍的代表性,但将大量中间值的用户视为两个极端值之间的过渡形态,那么研究极端值用户的意义就很重要了。在医学和临床心理学中,研究极端的病例有助于揭示出普通人的内心世界。每个人都或多或少带有焦虑,只有这种焦虑水平突破一定的阈值后,才会成为"病"(极端值)。研究极端值用户,可以从侧面深入洞察人的内心世界。

### 一、人口统计差异分析

用图的方式形象描述,以下这些特征均有统计学上的显著差异。

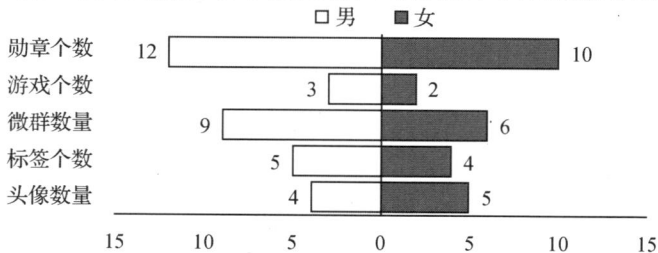

图1-7-1　男性/女性用户微博使用痕迹差异

---

① 黄庐进.自我概念下的社会身份理论及其拓展.求索,2012(12).

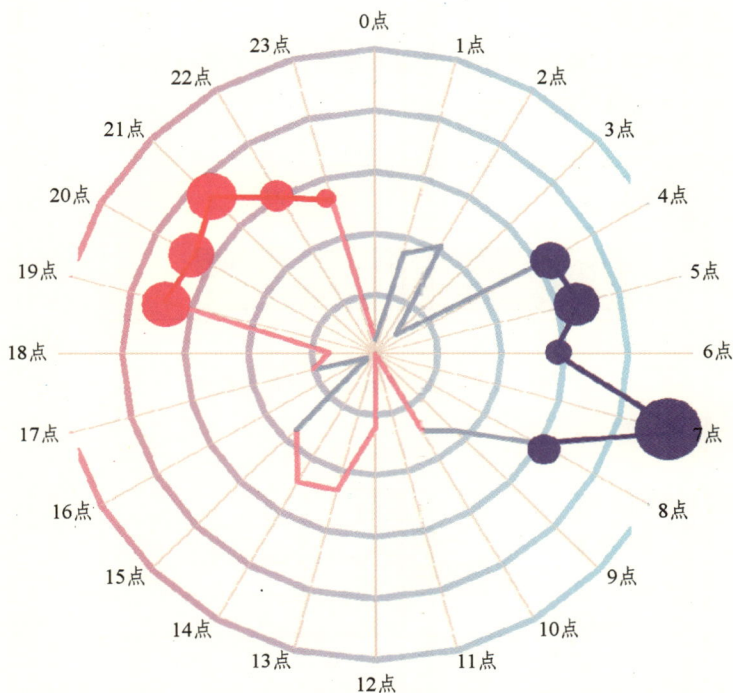

图 1-7-2　男性/女性用户发布微博时间差异(蓝色为男性,红色为女性)

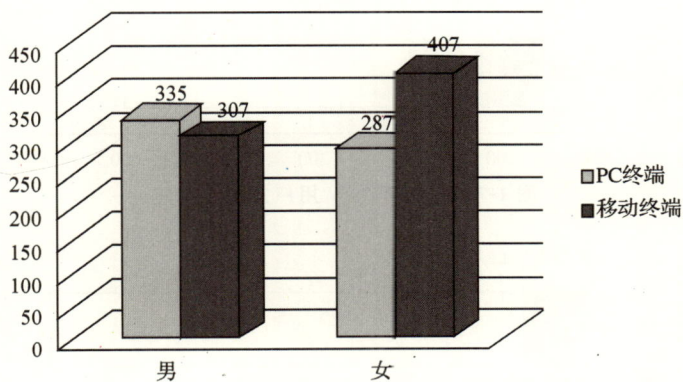

图 1-7-3　男性/女性采用不同客户端发布微博差异

### 1. 性别差异

女性当中喜欢通过移动客户端发微博的比例要高于男性。

### 2. 加/不加 V 用户差异

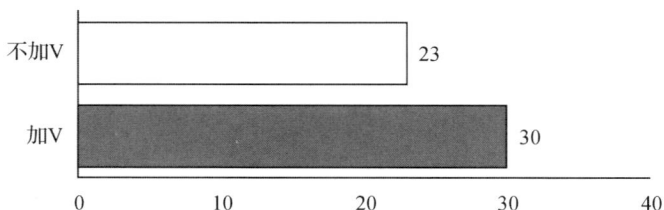

**图 1-7-4　加/不加 V 用户年龄差异**

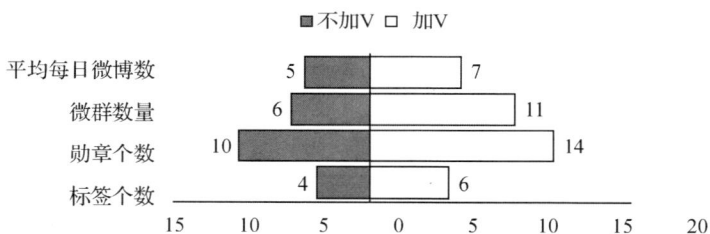

**图 1-7-5　加/不加 V 用户年龄差异**

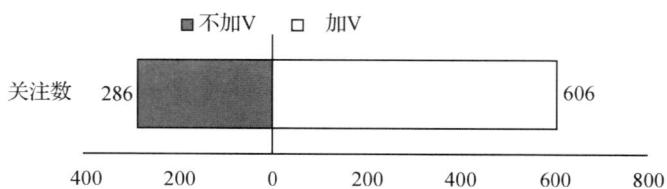

**图 1-7-6　加/不加 V 用户关注数差异**

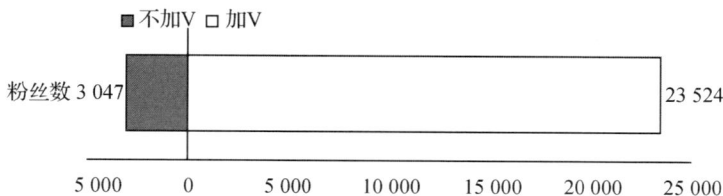

**图 1-7-7　加/不加 V 用户粉丝数差异**

除了上述人口统计特征方面的差异(图 1-7-1 至图 1-7-7)外,我们还发现喜欢通过移动终端发微博的用户配图数显著高于电脑终端,如图 1-7-8 所示。

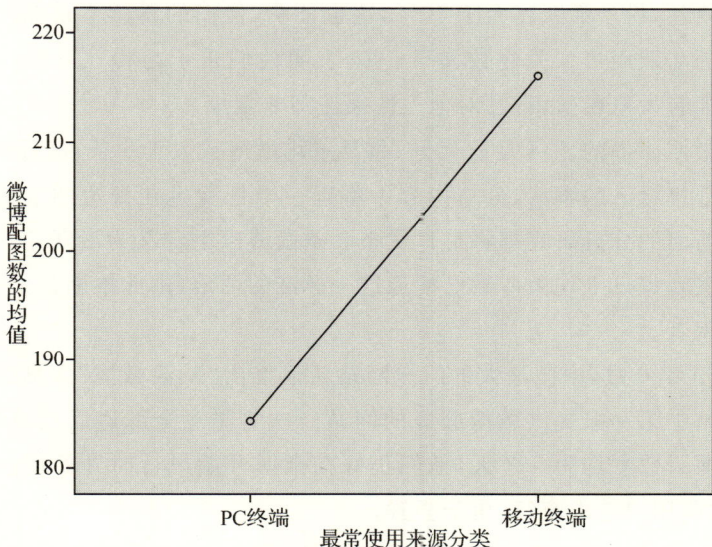

图 1-7-8　移动终端倾向用户/PC 终端倾向用户配图数差异

## 二、极端值个体用户研究

1. 愿意透露所有人口统计信息者

在抽取的 2 452 个样本群体中,愿意透露所有人口基本信息者(地域、一句话简介、真实姓名、出生年月日、职业、我的标签、兴趣领域、教育水平)共有 42 人,这些乐于提供信息的人基本情况如下,以下数值为均值:平均关注数为 680 人、粉丝数 6 101 人、微博数 3 579、勋章个数 16 个、我的标签数 7 个、微群 12 个、微博配图数 258 个、头像数 3 个、使用微博天数 567 天、原创率 40.6%、每日平均 5.6 条、活跃粉丝率 55.6%、平均年龄 30 岁。

先从职业的类别来推断,这四十二人基本上从事社会经济地位较高的职业,其中包括公司董事长、总经理、律师、负责人、甲级联赛裁判,即使是学生也是该校模特,故由此推断他们更乐意提供个人信息。

平均关注数以及粉丝数比例为 1∶8.97,接近 1∶9,这样看来,他们拥有大量粉丝,粉丝活跃度大于 50%,这也证明,他们的粉丝不是僵尸粉,而是真实的活跃用户。关注数大于 500,表明他们乐于与粉丝互动,不像有些艺人拥有大量粉丝,自己对他人的关注却非常少。

其微博原创的比例大于 40%,每日平均微博数大于 5 条,接近 6 条,他们乐意分享自己的事情,分享内容中将近一半是发生在身边的事情,而非转发。前面的分群研究都将每日发布 3 条微博以上定义为活跃用户,这些公开信息者每日平均微博数已接近这一标准的两倍,由此推断他们是微博重度使用者。

2009 年 8 月,中国最大的门户网站新浪推出"新浪微博"内测版,成为门户网站中第一家提供微博服务的网站。这些愿意全部透露信息的用户使用微博天数平均为 567 天,他们正好在微博开始风行时开始使用,由此推断,这些用户追求流行,勇于尝鲜。

另外,由"一句话简介"、"我的标签"可以看出,这些人将自己的行业与"一句话简介"及"我的标签"与职业挂钩,甚至直接在简介中摆上联络方式,清楚明了地让粉丝知道自己的联系方式,例如,化妆造型师石某的简介中说"联系我,你不会错的 135♯♯♯♯♯♯",把自己的电话放在简介里;新东方校长张某的简介中说"电话:187♯♯♯♯♯♯♯;邮箱 abc-defg@163.com QQ:11111111"。

更直接的用户,透过介绍公司业务项目让粉丝了解博主从事的服务。有的用户在"我的标签"里介绍自己的职业或业绩,间接推销自己,例如用户王某的标签说"某市蓝印户口、某某房产、流行音乐、唱歌、原创歌手、80后、办理某市户口",用户石某的标签说"中小企业营销 市场营销 网络营销互联网营销"。直白方式,好处是粉丝可以毫不费劲地知道如何联系上。

从上述分析可看出,乐于公开个人信息的用户有以下三个特点:

(1)社会经济地位较高。拥有较高的社会经济地位,更乐于告诉其他人自己的职业等信息,他们勇于表达自我,让其他人看到自己与众不同的地方。

(2)与职业挂勾。在简介与标签中详尽的介绍自己的行业,介绍自己可以提供的服务,利用微博吸引粉丝或潜在消费者。

(3)重度微博使用者。这些人每日平均微博数、使用天数、原创率、粉丝数等都大于一般平均值,他们花时间经营微博,让微博成为宣传自己或公司的免费广告手段。

2. 隐瞒所有人口统计信息者

本次抽样的 2 452 个样本中,不愿意透露所有人口基本讯息者(地域、一句话简介、真实姓名、出生年月日、职业、我的标签、兴趣领域、教育水平)的用户仅 1 人,其微博基本情况如下:关注数为 1 645 人、粉丝数 308 人、微博数 3 549、勋章个数 4 个、我的标签数 0 个、微群 0 个、微博配图数 601 个、头像数 7 个、使用微博天数没有显示、原创率 75%、每日平均 4.8 条、活跃粉丝率 32.1%。

此用户主要关注各购物网站官方微博,如宝洁生活家、糯米网、河北经视我为购物狂、香港 mikiki,关注软件、电信网站,如中国移动嘉兴分公司、360 官方论坛、360 计算机专家、139 邮箱。她还关注知名艺人杨幂、姚晨、罗永浩等。该用户的普通朋友散布全国各地,北京、上海、厦门、广州、四川、湖南、湖北等都有;其粉丝以僵尸粉居多。

该用户原创微博高,实际观察后发现,大部分微博都是心情的抒发,或是心情小语,例如"如果全世界的人都背叛了你,那么我会站在你那边,背叛全世界"、"谈好恋爱的秘诀在于,不必严肃,但必须正经"、"我们不快乐是因为我们不知足,我们太贪心",偶尔有"被逼着打麻将……"、"天啊,恳求闲置手机"等内容。大部分微博转发商品优惠,例如转发中国移动便可抽奖、@自己多少朋友便可抽取联通手机,粉丝评论数与转发数均为百分之 0.04——非常低的一个数字,可能和其粉丝多为僵尸粉有关,虽然原创率高,互动却少,大量的广告与心情小语较难与人产生互动。

尽管只是个案,但是这个隐瞒所有个人信息的用户却揭示出人性的另一面。愿意公布所有个人信息的用户多少是成功人士,利用微博这个平台来进行自我宣传,吸引潜在客户,隐瞒所有个人信息的用户不想让人知道他/她是谁。据说,很多人在微博上都有两个账号,一个是大号,另一个是小号。大号表现公众面前的自我,是一个"公我";小号则表现私下的、不为人知的自我,是一个"私我"。在"私我"的世界里,人们尽情宣泄各种不满,自说自话。这个隐瞒者就是"私我"的典型。

3. 微博上的夜猫子

在抽样的 2 452 个样本中,有两人喜欢在半夜三更发微博,在凌晨 2 点至 4 点,这两人发微博的总比率高达 86% 与 67%。他们两个的基本情况如下,用户 A:关注数为 300 人,粉丝数 921 人,微博数 6 038,勋章个数 11 个,我的标签数 10 个,微群 5 个,微博配图数 312 个,头像数 1 个,使用微博天数 869 天,原创率 63%,每日平均 6.9 条,活跃粉丝率 51.57%;用户 B:关注数为 1 819 人,粉丝数 686 人,微博数 2 857,勋章个数 0 个,我的标签数 0 个,微群 6 个,微博配图数 432 个,头像数 3 个,使用微博天数 370 天,原创率 18%,每日平均 7.7 条,活跃粉丝率 62.7%。两个个体差异还比较大。

用户 A,为湖北武汉人,接近 30 岁,女性,未婚,从微博来看为一事业成功人士,感觉像女强人,常使用 ipad 以及三星手机发布微博(96%),发布微博不受空间限制,习惯边看电视边跟朋友对话,讨论剧情内容。有吃宵夜的习惯,经常于凌晨零点外出,往吃宵夜。虽然由微博中无法看出上班时间,但她能自由控制自己的时间,可以晚睡。用户 B,因其微博在研究期间被取消,因此已无数据可分析。从用户 A 的情形来分析,夜猫型用户通常收入较高,夜生活丰富,习惯采用移动设备发布微博。

感谢厦门大学新闻传播学院 2009 级何佳丽、章怡成等 23 位选修"顾客关系管理"课程的本科生以及 2011 级李韵琴、黄建平等 47 名选修"消费者行为研究"课程的研究生为本书第一篇提供数据收集帮助。

奢侈品微博活跃粉丝群研究

## Ꮽ 第一节　研究背景 Ꮽ

　　中国奢侈品行业在 21 世纪到来的前十年里以 20％ 以上的速度保持增长，即使在遭遇经济危机的 2008 年和 2009 年也一直如此。英国咨询公司 OC&C 统计，中国奢侈品市场的规模在 2010 年前后就增至 120 亿美元，超过日本，成为世界第一位的奢侈品消费大国。[①] 英国《金融时报》也报道称，到 2015 年，中国将登上全球奢侈品消费市场的巅峰。[②] 对中国的奢侈品消费人群/潜在消费人群进行研究因此就有重要意义。

### 一、中国的奢侈品消费者

　　杨清山认为中产阶层是中国奢侈品的消费主力（中国品牌战略学会在 2007 年把中产阶层的收入标准定在个人年薪 12 万～36 万人民币）。除了个人收入，杨清山还认为，真正的中产阶层必须有自己的生活方式。作为中产阶层，必须拥有中等以上的居住房产，拥有一定的休闲度假时间，拥有最新的文化知识，拥有高尚的情操品性，拥有健康爱好，拥有绅士般的行为规范，适度关心政治也不可或缺。杨清山并未具体描述中国奢侈品消费者整体的特征和行为。[③] 谢瓦利埃根据 2007 年针对中国富裕人士的一份调查报告，简单描述了这些人的行为特征——"中国的奢侈品市场至今仍由男性主宰，主要用在生意上的馈赠"，"一般消费者对于奢侈品品牌大都持正面看法，而且热衷追求时尚，以及喜欢上街购物，这种男性主宰的局面即

---

[①]　中国新闻网. 中国成世界第一奢侈品消费国. 2009-12-22. http://www.qqwwr.com.

[②]　叶燕. 世界级奢侈品矩阵，抢滩中国. 2011-03-10. http://www.360doc.com/content/11/0310/13/651528_99847020.shtml.

[③]　杨清山. 中国奢侈品本土战略. 北京：对外贸易大学出版社，2009：22，24，31，33～35.

将被改变"①。

杨清山把中国的奢侈品顾客按财富量分成三类：大资产阶层组成的千万富翁、小资产阶层组成的生产经营者（中产实业阶层）、中产阶层组成的职业白领（中产脑力阶层）。杨清山认为，中产阶层由两部分人组成：一部分是中产实业阶层，特质是拥有资本；另一部分是中产脑力阶层，特质是拥有技能。这两部分人群合称为中产阶层。他认为，富豪阶层是中国奢侈品的消费领袖。中产实业阶层才是中国奢侈品的消费主力。中产脑力阶层是中国奢侈品消费的主力军。其中，"中产实业阶层"多以生产经营者的身份出现，实际上他们是中小企业资产的实际拥有者（企业主）；在中国社会中，他们可以拥有工厂、矿山、商业不动产、建设资源、信息资源和专业公司等，活跃于生产、经营、贸易、建设、网络和专业服务等领域，中产实业阶层实际上介于富豪阶层与中产实业阶层之间。在资产和收入占有上，中产实业阶层者至少要达到"双百"标准：资产百万元以上，年收入百万元之上。这两项均高于中产脑力工作者。"中产脑力阶层"指那些靠薪金谋生且年收入达到中等水平的脑力工作者，其职业主要是公司高级职员、职业经理人、金融证券分析师、工程师、医师、律师、设计师、会计师、咨询师、教师、广告人，一般都受过高等教育，拥有专业技能，消费意识都比较超前，又有追求自我的思想。②

董小雪、李光媛、樊庆磊按照奢侈品消费者对"圈子"内外表现出行为的迥异把他们分成四类："奢侈品炫耀者"直接或间接向圈内、圈外人显露、炫耀其拥有的奢侈品，彰显自己较高的社会地位和富裕的生活状态，期望赢得圈外或圈内人对自身身份地位的肯定，获得荣誉与声望；"奢侈品高贵者"保持圈外的高调，而在圈内人面前不再重视品牌的象征性功能；"社会新贵"往往具有较高的文化知识水平，在社会、政治、文化领域中有一定的成就地位，他们拒绝无意义的彰显自己身份的东西，不认为炫耀性消费是

① （法）谢瓦利埃、（中）卢晓.奢侈中国.北京：国际文化出版公司，2010.
② 杨清山.中国奢侈品本土战略.北京，对外贸易大学出版社，2009：22，24，31，33～35.

他们的目标,从而不去考虑别人的看法;"奢侈品外隐者"选择了一个特定的圈子作为精神的归宿与传播方式来进行朋友之间的沟通,他们在大众面前可能并不引人注意,但在朋友圈中却渴望得到赞赏(图2-1-1)。[①]

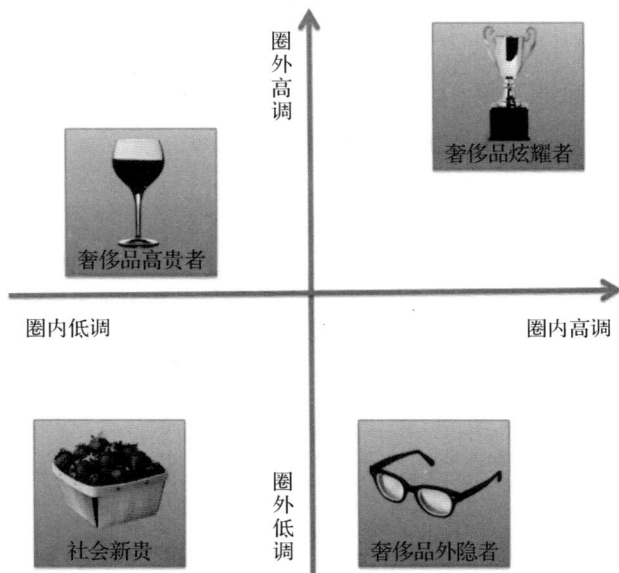

**图2-1-1　从圈内圈外、高调低调双向维度划分中国奢侈品消费群**

## 二、值得关注的两类奢侈品消费者

奢侈品市场繁荣发展的同时,有两个新兴的群体值得关注:

1. 年轻群体

2011年年底,全球最大的独立公关公司——罗德公共关系顾问有限公司与亚洲地区著名奢华品市场调研公司信天翁联业商务咨询有限公司

---

[①]　董小雪、李光媛、樊庆磊.从圈内圈外、高调低调双向维度探讨中国奢侈品消费现状及趋势.现代广告:学术季刊,2011(11):98～102.

联手推出《2011—2012 中国奢华品报告》，首次将目光投向中国的"80 后"群体，描述其独特的奢华品消费观，预测未来中国奢华品消费趋势并提出建议。报告指出，拥有庞大而年轻的新兴消费群体，是中国奢华品市场的重要特征。这个群体的年龄已远远低于西方国家的奢华品消费者，甚至也低于同处亚洲的邻国——日本。但是，"这个主要由 80 后组成的新生代年轻群体，已经完全做好消费奢华品的准备，使得中国不仅在现今、更在未来成为最具潜力的奢华品市场"①。

2. 潜在消费者

中国品牌策略协会（China Association of Branding Strategy）称，中国有 1.75 亿消费者有能力购买各种品牌的奢侈品，占总人口的 13.5%，其中有 1 000～1 300 万人是活跃的奢侈品购买者，选购的产品主要包括手表、皮包、化装品、时装和珠宝等个人饰品。摩根士丹利公司的统计称，中国奢侈品实际消费人数为 1%，也就是 1 300 万人，但潜在消费人群为 8%，约 1 亿人。② 这部分可能还没有实际购买行为的"奢侈品潜在消费者"将会影响未来奢侈品市场的发展和走向。

对于奢侈品现有消费人群的研究，国内还比较多，但这两个潜力股奢侈品消费人群的研究则较少。与此同时，自 2006 年全球 Twitter 网站的创立，微博作为一新的互联网平台迅速发展。随着新浪微博 2009 年的正式上线和很多网站纷纷推出微博，越来越多的用户随时随地记录并分享自己的感慨、现场记录和心情，在最快的时间得到他人的回应。《2011—2012 中国奢华品报告》中亦把微博摆到重要的位置上，这显示：微博快速上升的影响力，使其紧追在后成为最受"80 后奢华品消费者"欢迎的信息渠道的第四位。

伴随着中国奢侈品消费者和潜在消费者（尤其是其中的年轻群体和潜

① 中国行业研究网. 2011—2012 中国奢侈品市场调研报告. 2012-01-13. http://www. chinairn. com/news/20120113/266796. html.

② 张家平. 奢侈孕育品牌. 上海：学林出版社，2007：2，9，10，13.

在消费者)的日益壮大,也伴随着他们中越来越多的人活跃在微博上并暴露自己的生活,一些问题引起研究者的关注——这些年轻的奢侈品消费者和潜在消费者的行为和活动是什么样的,他们的兴趣点在哪里,什么事情可以引起他们何种态度的出现,他们整个群体之中会不会存在相同或不同的行为、举止和心理,既然微博"是个神奇的东西","它可以让我们与一些看似遥不可及的人零距离接触,他们从早上到晚上都在哪,在干什么,过着怎样的生活"[①],那么,我们能否打破常规,借用这些奢侈品消费者和潜在消费者每天都在使用的社交媒体(微博)挖掘出传统媒体和研究方法所轻易不能发现的事实和关系?

为了解决以上这些问题,本研究探索性地借助微博这一社交媒体平台,从中找出中国奢侈品消费者和潜在消费者,通过他们在微博上表现出的特征和发布的内容,展现其较为真实的生活形态,根据他们特征和行为上的差异,用 K-means 的聚类方法对其进行分类,帮助营销人员了解奢侈品消费者和潜在消费者,使奢侈品品牌在以微博为代表的社交媒体上可以与他们的粉丝群体接近和建立联系。

## 三、研究奢侈品品牌官方微博活跃粉丝生活形态的意义

生活形态是人们在生活中展现一致性的行为模式,包括如何花费金钱及时间,透过行动、兴趣及意见来定义不同的生活形态。生活形态影响人们的消费行为及习惯,生活形态产生变化时,营销人员必须适应这些变化,提供消费者想要的产品。例如,当消费者追求更健康的生活形态时,他们更在意所吃的食物是怎样生产出来的。

Plummer 认为,生活形态区隔对于营销人员有以下助益:"①定义目标客群:生活形态区隔提供营销人员重新定义目标客群的方式,并非像传统一样以人口统计变量(如拥有平均收入水准的中年家庭主妇)或是产品使

---

① 闫岩.微博改变未来:你也可以这样成功.北京:台海出版社,2011.

用习惯(如经常使用者、价格导向者)来定义目标消费者,而是以多面向的定义来提供新的区隔方式,因此生活形态区隔能够对目标消费者提供更丰富的定义方式。②以新的观点审视市场:在过去很难以产品使用模式等单一维度去了解市场结构,但生活形态区隔则以多个维度来审视消费者所在的市场,提供给营销人员另一种视角。③产品定位:生活形态可应用于产品定位,营销人员了解消费者基本需求,以及产品如何被使用在其生活中,从而将产品定位为符合消费者期望的产品,以满足消费者的需求。④与消费者更有效的沟通:比起人口统计变量,生活形态能提供更丰富的资料以帮助营销人员了解消费者,进而使营销人员能够以更贴近消费者的方式去做广告或更能有效地从事各种与消费者的沟通。⑤帮助发展更完善的行销及媒体策略:举个例子来说,当营销人员发现某一目标消费者其生活形态为主要观看平面广告且白天较少观看电视广告时,品牌广告投放可以多使用平面广告,以更有效地接触目标人群。⑥提供新产品机会:由于生活形态区隔方式可以提供更多的信息去了解消费者,因此营销人员可以检视现有产品是否已满足消费者的需求,或是有什么潜在的需求未被满足,发展出新的产品。⑦帮助解释产品或品牌在市场上的反应:了解每个区隔的生活方式、态度及使用习惯可以使营销人员以更多维度去解释为什么某些区隔的消费群使用或不使用该产品或品牌,籍由对区隔内消费者个人的整体看法,可进一步探讨如何去说服新的消费者,或者增加原有消费者使用该产品的频率。"①

　　对于中国的奢侈品消费者,尤其是上述两个群体,生活形态的研究已经提上日程。朱晓辉、卢泰宏在一篇以中国消费者的奢华品消费动机为目标的文章中建议:"对于奢华品消费的研究,可以在此研究的基础上,研究中国奢侈品消费者的生活形态和价值观,以及他们在与其奢华品消费动机的关系;还可以通过大样本的消费者研究来区分差异,为企业进行奢华品

---

① Plummer,J. T. *The Concept and Application of Life Style Segmentation*. Journal of Marketing,Jan. 1974,38(1):33~37.

营销的市场细分和产品定位、品牌推广提供有价值的参考。"①

　　以往对奢侈品消费者的研究,过程往往很艰难。由于研究对象十分特殊,难以找到足够的合格受访者,即使找到受访者,其不配合态度也给研究带来不便。以微博为代表的社交媒体的出现,改变人与人之间的沟通、传播方式,也为研究这样一群奢侈品的消费者(或潜在消费者)提供了新的途径。本研究创新性地利用微博这一平台了解他们的生活,试图揭示其生活形态。

　　在研究方法上,Wills 和 Tiget 于 1971 年提出用三维度来衡量消费者生活形态的"AIO"(活动、兴趣和意见)框架②,受到研究者得认同,长久应用,这一框架通常采用传统的调查方法(问卷调查、深度访谈等)。本研究调整 AIO 的原始框架,以适应微博这一新媒介的特点,一改传统上通过问卷调查和深度访谈来了解消费者心理和行为,探索性地采用日志分析的方法对奢侈品粉丝的 AIO 进行解读。这种解读,为奢侈品品牌官方微博提供最直接的用户分析,帮助营销人员深入了解奢侈品消费者和潜在消费者,使奢侈品品牌能以更贴近消费者生活方式的沟通策略与他们的粉丝群体建立起关系。

## 第二节　抽样及分析方法

　　本节分别介绍抽样及分析方法。

### 一、抽样

　　本节抽样分两个层次:品牌样本和用户样本的选取。方法如下:

　　1. 品牌样本

　　Interbrand 是一家品牌战略顾问与设计集团,它采用专属的品牌价值

---

　　① 　朱晓辉、卢泰宏. 基于自我解构的中国奢华品消费动机的实证研究. 中国市场学会 2006 年年会暨第四次全国会员代表大会论文集,2006.

　　② 　Perreault,William D. & E. Jerome McCarthy. *Basic marketing:a global-managerial approach*. McGraw-Hill Companies,2005.

评估方法计算品牌价值,每年定期发布"全球最佳100品牌排行榜"。在此排行榜中,奢侈品门类共计七个品牌,分明是 LV、GUCCI、HERMES、CARTIER、TIFFANY&CO、ARMANI、BURBBERRY。它们不同程度涉及奢侈品主要产品类型——箱包、成衣、珠宝等,兼有男女系列。七个品牌中,CARTIER 的代言人舒淇因个人原因在抽样期间受到部分网民的攻击,导致 CARTIER 的微博受到一定程度的影响。鉴于这种特殊情况,本研究选取的品牌样本中,剔除 CARTIER,选择 LV、GUCCI、HERMES、TIFFANY&CO、ARMANI、BURBBERRY 六个品牌官方微博进行研究。

2. 用户样本

本文拟通过以下三层标准来筛选 6 个奢侈品品牌官方微博的活跃粉丝样本:

(1)官方微博的粉丝。新浪微博是由新浪网推出,提供微型博客服务的类 Twitter 网站,其用户量和活跃度处于领先位置。

官方微博是企业在微博平台上由企业公关部门维护的账号,它们大多通过新浪微博(简称微博)的加 V 认证,在醒目位置被标注"XX 官方微博",通过专用的企业版微博以推广公司品牌、产品、服务为目标,与粉丝进行多种互动。① 研究者经多次搜寻,确定@路易威登、@GUCCI、@爱马仕-Hermes、@TiffanyAndCo 蒂芙尼、@Armani 阿玛尼、@Burberry 为 6 个品牌样本的官方微博。其中,只有@爱马仕—Hermes 未经过微博官方认证,但这个账号的微博全部是以品牌的名义发布的有关 HERMES 的产品信息。

在微博上,"关注"另一个微博主就可以在自己的微博页面上看到该微博主的实时更新,自己也因为"关注"而成为"被关注"的微博主的"粉丝"。因此,成为奢侈品品牌官方微博的粉丝是第一层标准。

(2)在官方微博中评论的人。品牌官方微博下的评论由微博用户主动施加,它们大多用来展示对品牌和产品的兴趣或拥有。评论是一个互动指

---

① 李开复.微博:改变一切.上海:上海财经大学出版社,2011.

标,粉丝愿意与某品牌的官方微博互动,是我们筛选活跃粉丝用于研究奢侈品消费人群的第二层标准。

(3)活跃粉丝。微博上有一些活跃度不高的僵尸粉,他们发言不多,很难从中分析用户行为及其生活形态。目前,微博对活跃粉丝的界定是"微博粉丝数大于30,微博数大于30,1周内有互动"(见微博风云)。本研究采用这一标准,排除僵尸粉样本。

只有同时满足以上三个标准的样本才进入研究抽样框。接着进一步进行配额抽样,每个奢侈品官方微博活跃粉丝样本的数量为进入抽样框的样本总数的千分之一。由于各奢侈品官方微博的粉丝数及活跃粉比率有很大差异,个别奢侈品官方微博按上述标准抽取出来的最终样本不足5人的,按5人计算。得到样本221人。此221个用户样本按下表的配额在每个品牌、每页评论中平均的、顺序的提取最先满足活跃粉丝条件的样本,抽够为止(表2-2-1)。

表2-2-1　六个奢侈品官方微博粉丝样本的配额(截至2012年5月4日10点)

| | 粉丝数 | 活跃粉丝数 | 活跃粉丝率 | 大样本—拟抽取活跃粉丝样本数 | 大样本—实际拟抽取活跃粉丝样本数 | 页数 | 大样本—平均每页提取的活粉样本数 |
|---|---|---|---|---|---|---|---|
| 路易威登 | 194 537 | 76 648 | 39.4% | 77 | 77 | 5 | 15 |
| GUCCI | 159 690 | 41 040 | 26% | 41 | 41 | 13 | 3 |
| 爱马仕—Hermes | 166 871 | 2 670 | 1.6% | 3 | 5 | 3 | 2 |
| TiffanyAndCo蒂芙尼 | 21 478 | 2 771 | 12.9% | 3 | 5 | 6 | 1 |
| Armani阿玛尼 | 29 511 | 3,246 | 11.0% | 3 | 5 | 21 | 1 |
| Burberry | 337 159 | 87 661 | 26.0% | 88 | 88 | 91 | 1 |
| 共计 | 909 246 | 214 036 | | 215 | 221 | 139 | 23 |
| 平均 | 151 541 | 35 673 | 19.4% | 36 | 37 | 23 | 4 |

后期数据分析过程中又剔除掉221人中的26人,原因分别是:样本的地域分布在港澳台和海外的(20人);工作单位是6个品牌样本公司的(4人);微博发布内容特殊的(1人);研究期间删掉所有微博的(1人)。用于研究的最终样本共计195人。

(3)AIO个案分析样本。浏览所抽取的195个用户微博后发现,并非所有样本都能提供足够丰富的信息,以进一步推断用户的生活形态。用户"AIO"个案式分析需要再从中抽取出"超活跃粉丝"。

详细浏览195个用户的微博后发现,"每日平均微博数超过5且原创率大于50%"的用户是微博使用熟练的活跃用户,他们在微博上披露日常活动、兴趣和意见,尽管愿意披露者并不一定能代表奢侈品官方微博活跃粉丝这一群体,但这些重度使用者至少可以在一定程度上反映奢侈品官方微博活跃粉丝群的生活形态。因此,从前面抽取的195个样本中进一步抽取出21个满足"超活跃粉丝"条件的用户,占6个品牌总活跃粉丝数的近万分之一,用于进一步深入的个案解读。

本研究的抽样时间段为2012年4月25日—5月25日。浏览大量的用户微博日志,发现绝大多数用户微博上提供的信息主题稳定和集中,一个月的日志基本可以反映其主要的生活形态。这个时间段中包含一个劳动节,因为节庆期间会有较多的消费行为(如旅游),也是本研究关心的重要议题。

## 二、分析方法

与抽样的两个层次相对应,本章分析的方法也分为:195个活跃粉丝的量化分析部分和21个超活跃粉丝的质化分析部分。

### 1. 量化分析部分

"微博量化特征的信息"选取能反映微博用户个人特征的48项客观指标,它们中27项直接从用户样本的微博页面上获得,其余21项来源自微博分析工具之一的"微博风云"。

表 2-2-2　微博特征的信息收集指标

| 来自微博页面（共 27 项） | 来自微博风云（共 21 项） |
| --- | --- |
| 用户名、性别、地域、一句话介绍、真实姓名、生日、星座、电子邮箱、教育水平、职业、关注数、粉丝数、微博数、勋章个数、微博达人、我的标签数量、我的标签内容、微群数量、微群内容、关注的话题数量、关注的话题内容、游戏数量、游戏内容、微博配图数量、头像数量、第一次发布时间 | 每日平均微博数、本周每日平均微博数、微博原创率、活跃粉丝率、兴趣领域、一天24 小时发微博的分布、（按出现次数统计的）关键词、最常@的三个人、最长转发的三个人的微博、微博发布来源数量、微博发布最大来源名称、微博发布最大来源占比、所关注的人的粉丝数/微博数/注册天数分布、所关注的人的省份分布前三位、所关注的人的女/男性比例、粉丝省份分布前三位、粉丝女/男性比例 |

这些量化信息主要用于奢侈品官方微博活跃粉丝的整群特征描写以及分群。

2. 质化分析部分：

AIO 的信息收集过程在原有三大维度——活动（activity）、兴趣（interest）及观点（（opinion）的基础上加上人口统计变量（demographic）。本篇依据奢侈品微博粉丝的情况对细项进行微调，以适应社交媒体的内容和特点。原 AIO 量表是用于问卷调查，本研究创新性地结合日志分析和内容分析的方法，在原量表框架不变的基础上，把原来的题项改编为分析条目，经过 6 次试编和多次讨论，最终确定分析框，见表 2-2-3。

表 2-2-3　AIO 编码指标

| 活　动 | 兴　趣 | 观　点 | 人口统计 |
|---|---|---|---|
| 工作、个人爱好、社交活动、国内旅行、国外旅行、娱乐活动、俱乐部活动、社群活动、产品、实体购物地点、虚拟购物地点、提到价格、受促销影响、运动 | 家人、住所、对职场的关注、对社群的关注、对休闲的关注、对时尚的关注、对食物的关注、对媒体的关注、成就 | 对自己的积极/消极评价、对自己的关注、对社会事件的积极/消极评价对社会事件的关注、对政治的积极/消极评价、对政治的关注、对商业的积极/消极评价、对商业的关注、对经济的积极/消极评价、对经济的关注、对教育的积极/消极评价、对教育的关注、对产品的积极/消极评价、对产品的关注、对未来的积极/消极评价、对未来的关注 | 年龄、教育水平、职业、现居地、婚否、有/无小孩 |

　　质化分析的部分结合日志分析和内容分析的方法,对分析人员进行训练后,共有 12 位研究生参与对超活跃粉丝用户的微博讨论与分析。由于微博信息量庞大,内容混杂,解读存在一定的主观性,遵循严格的内容分析编码方式几乎不可能。过去的研究数据要绝对的准确,然后在当今大数据时代,只有 5% 的数据是结构化的且适用于传统数据库的,不接受混杂性,剩下 95% 的非结构化数据都无法利用,包括视频、语音、图片等。① 因此,研究者通过试编码和多次的分析、讨论,尽可能解决个人偏差的问题,最后由李光媛一人完成对 21 个超活跃粉丝微博内容的深度解读。

---

　　① （英）维克托·迈尔-舍恩伯格、（英）肯尼思·库克耶. 大数据时代. 浙江人民出版社, 2013.

## 第三节　整群特征和分群描摹

本节着重于量化研究的部分,对 195 个活跃粉丝样本进行"微博特征"的整体描述分析和聚类分析,结合对 21 个超级活跃粉丝的"AIO"信息进一步丰富和补充分群的描摹。

### 一、整群特征

通过描述性分析,本节展示了 195 个活跃粉丝样本在微博媒体上呈现的整体特征。运用 SPSS 绘图功能,对样本/所关注的人/粉丝的性别、样本/所关注的人/粉丝的地域、是否公布真实姓名、年龄、星座、教育水平、微博达人、微博年龄、微博发布来源数量、微博发布来源最大数量占比、发微博的小时分布、所关注的人的粉丝数/微博数/注册天数分布这些变量进行绘制。

在性别上,女性作为消费者和潜在消费者的主体,占有 61.03％ 的比例,相比之下,男性略少,只有 38.97％。(图 2-3-1)

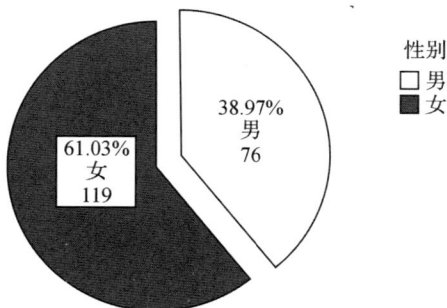

图 2-3-1　性别分布

同样,样本用户关注的人和粉丝的性别也以女性偏多,她们分别占到 52%和 53.4%(图 2-3-2 和图 2-3-3)。

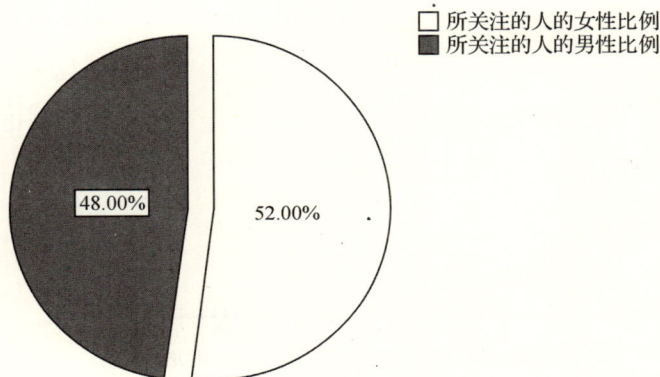

☐ 所关注的人的女性比例
■ 所关注的人的男性比例

48.00%　52.00%

**图 2-3-2　所关注的人的性别比例**

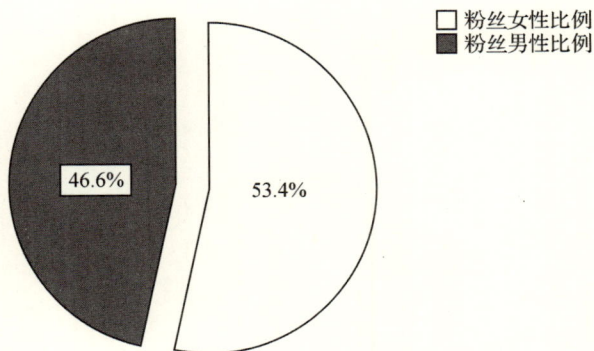

☐ 粉丝女性比例
■ 粉丝男性比例

46.6%　53.4%

**图 2-3-3　粉丝的性别比例**

在地域分布上,上海(21.0%)、广东(15.4%)、北京(14.9%)是奢侈品消费者和潜在消费者的主体,明显高于其他省份。同样,样本用户所关注的人和粉丝所属地域来源最多的地方同样集中在北上广地区(图 2-3-4、图 2-3-5 和图 2-3-6)。

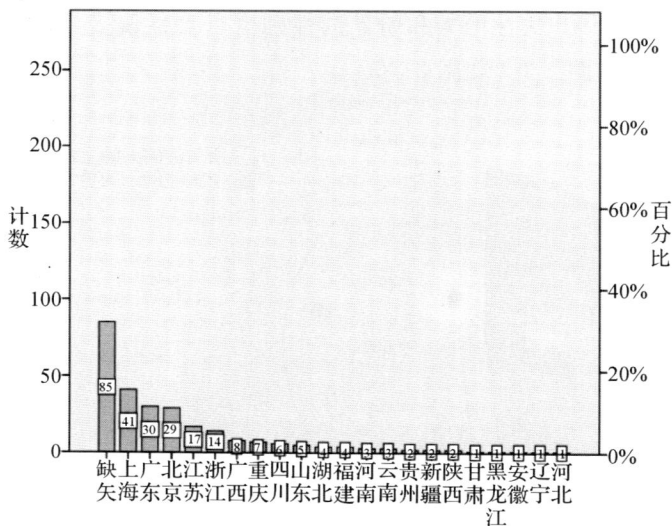

**图 2-3-4　地域分布**

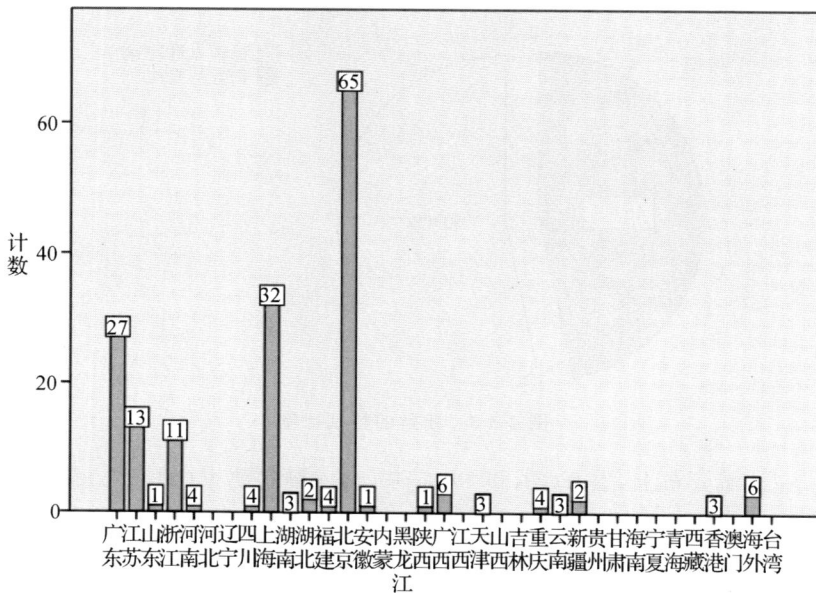

**图 2-3-5　所关注的人的省份第一位汇总**

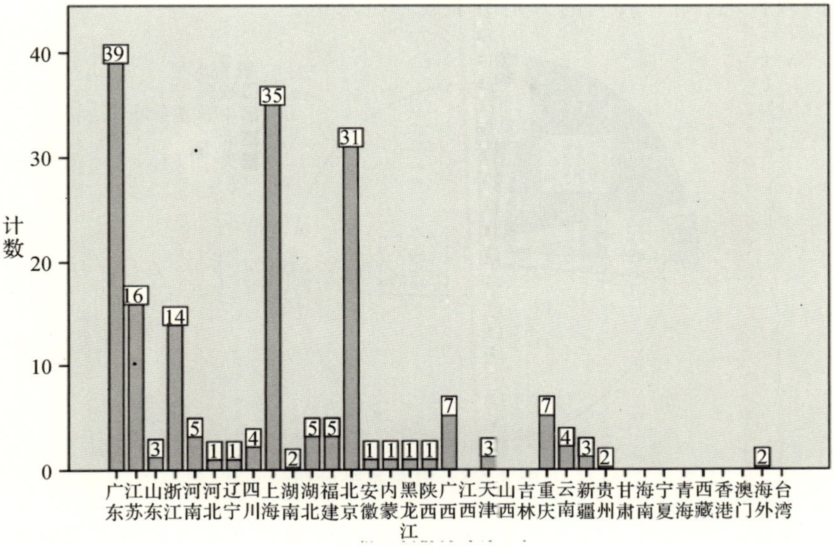

图 2-3-6　粉丝省份分布第一位汇总

在用户样本其他的基本属性方面,公布年龄的用户样本集中在 18～34 岁,其中 22～26 岁、28～30 岁的样本人数最多,除去没有公布年龄的 129 人(缺失),它们相加占总体比例的一半。教育水平上,73.78％的用户样本未提供相关信息,21.72％的用户样本受过大学及大学以

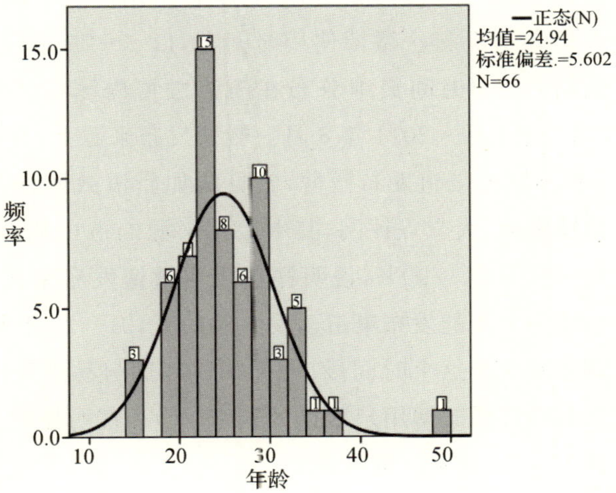

图 2-3-7　年龄分布

上的教育，只有 4.49％的人是中学或专科水平。

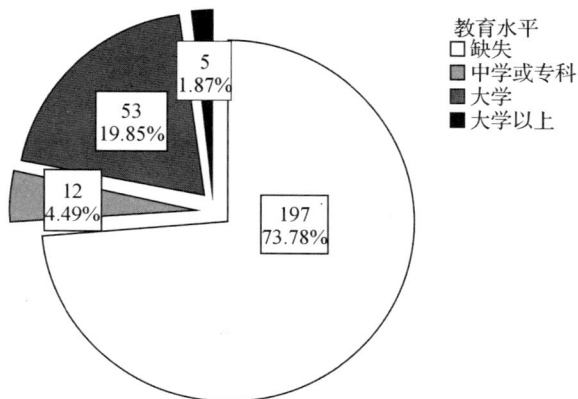

图 2-3-8　教育水平分布

　　在用户的微博使用习惯上，绝大数多数样本用户未在微博上公布真实姓名，只有 4.1％的用户公布。有近 70％的用户没有新浪授予的达人称号，分别有 15.38％和 12.82％的样本用户是中级达人和高级达人，初级达人只有 3.59％。微博使用时间上，以 8～24 个月居多，总体占到 81.0％，他们的注册时间集中分布在新浪微博内测（2009 年 8 月）后的一年——2010 年 4 月—2011 年 8 月。微博发布来源上，有 41.54％的样本用户通过 6 种不同的渠道发布微博，常见的如新浪微博、iphone 客户端、美图秀秀、微博桌面、大众点评网，其中最大来源的占比从 25％到 98％不等，但主要集中在 50％～90％，说明样本用户微博发布来源的多样性，同时，也有一个较为主要的发布渠道。发布时间上，21—23 点是高峰期，平均有 13％的微博发布于这个时间段（图 2-3-14），这与易观智库 Enfodesk 产业数据库发布的普通微博用户数据（图 2-3-15）存在明显的差异，另外存在差异的还有 10—14 点这一时间段。

真实姓名
☐ 未公布
■ 有公布

8
4.10%

187
95.90%

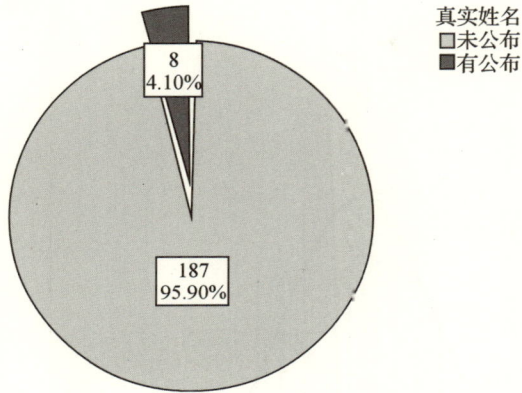

图 2-3-9　真实姓名有无公布分布

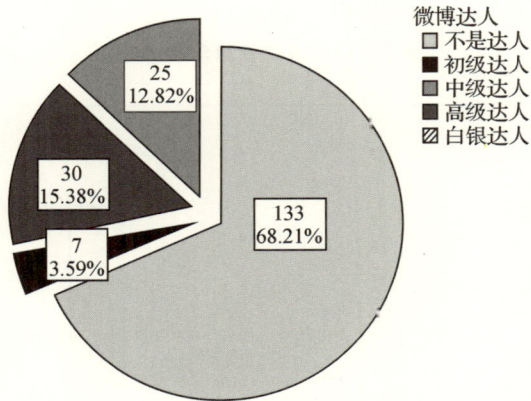

微博达人
☐ 不是达人
■ 初级达人
▨ 中级达人
▨ 高级达人
▨ 白银达人

25
12.82%

30
15.38%

7
3.59%

133
68.21%

图 2-3-10　微博达人分布

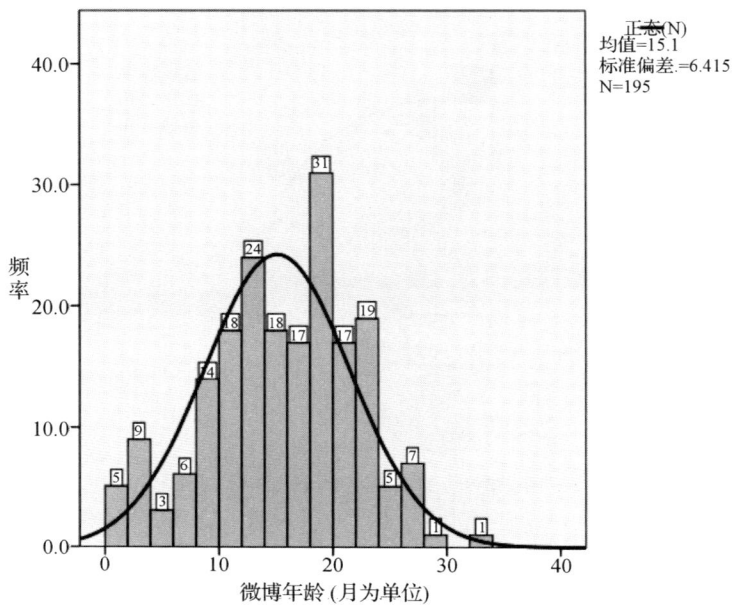

正态(N)
均值=15.1
标准偏差=6.415
N=195

图 2-3-11　微博使用年龄分布

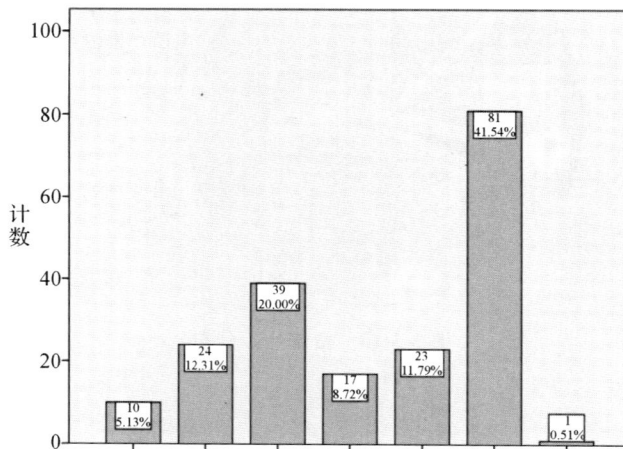

图 2-3-12　微博发布来源数量

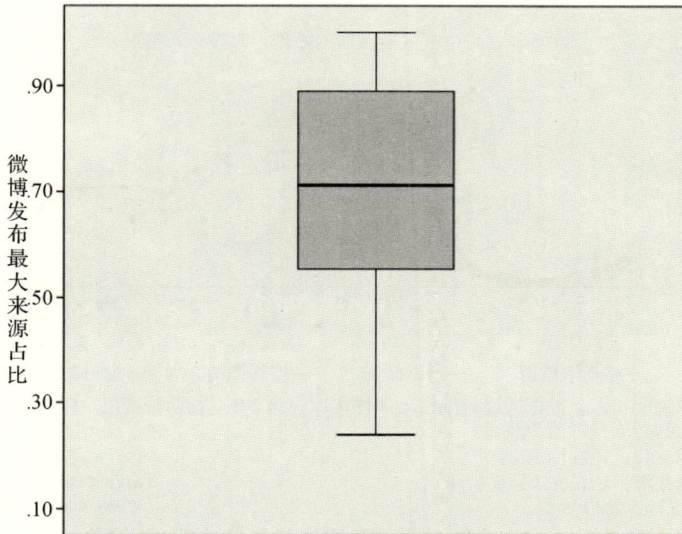

图 2-3-13　微博发布的最大来源占比

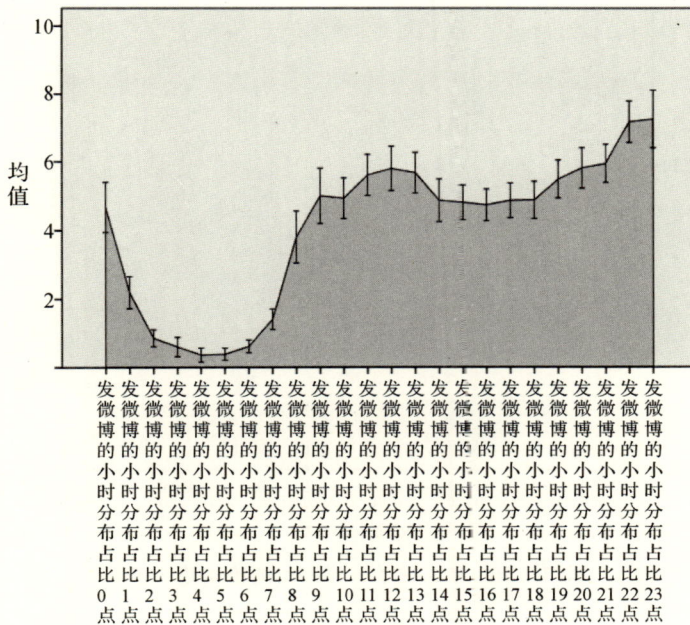

误差条：95% CI

图 2-3-14　发微博的小时分布

105

2011年10月中国主要微博网站用户时段分布情况

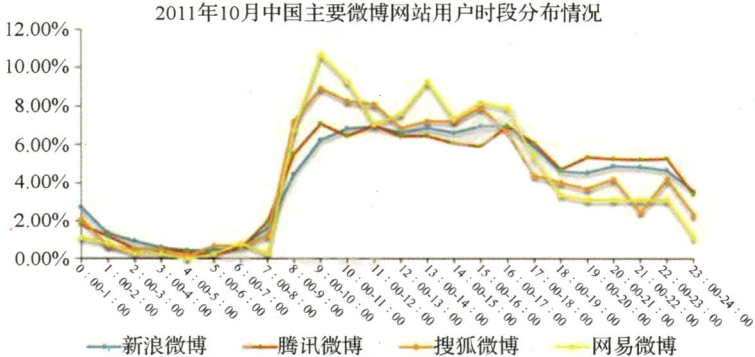

新浪微博　　腾讯微博　　搜狐微博　　网易微博

数据说明：以上数据通过对Enfopanel样本库中54 279名长期付费用户样本的互联网访问行为持续监测获得

技术支持：讯实网络

数据来源：Enfodesk易观智库

易观智库2011

www.enfodesk,com
www.analysys.com

**图 2-3-15　2011 年 10 月中国主要微博网站用户时段分布**

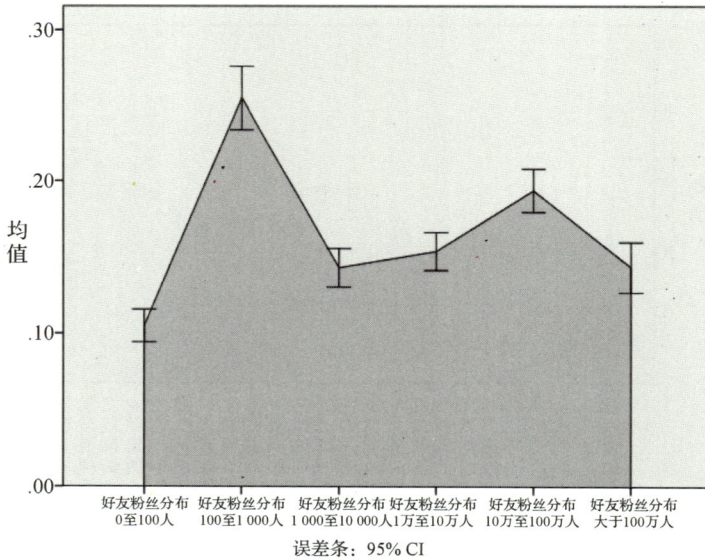

误差条：95% CI

**图 2-3-16　所关注的人（好友）的粉丝数分布**

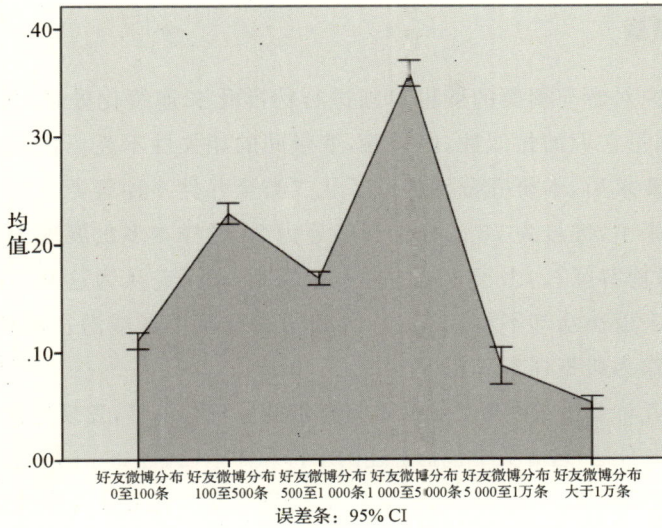

误差条：95% CI

图 2-3-17　所关注的人(好友)微博数分布

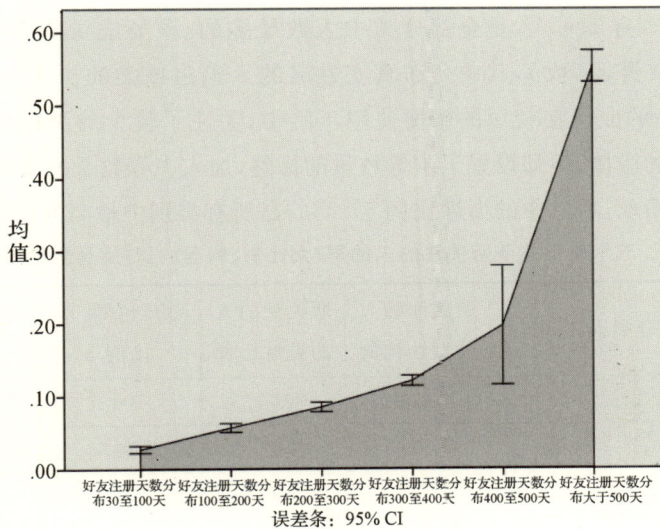

误差条：95% CI

图 2-3-18　所关注的人(好友)注册天数分布

## 二、分群描摹

本研究对参与聚类的变量单独进行标准化和连续化处理,采用"距离分析"来测量它们的相似性,经检验,变量间的相关性不高。在达到聚类分析的操作要求后,本研究分别尝试了从二类至九类8种聚类方法。在这八种聚类结果中,编号为78的样本和编号为26的样本多次展现了异于其他样本的"微博特征"。由于本篇的样本量较小,本研究认为这两个特殊的样本可能代表极小众却不容忽视的一小部分奢侈消费者或潜在消费者,因此保留下来作为典型样本分析。

研究者对上述八种聚类结果进行详细的分析与解释,发现把样本分成五类人群最为合适,这五类中包括上述两个特殊样本(编号26、70)。五类人群的人数分别是104人、7人、81人、1人、1人,分别定义为博文魅力型、时尚信息的接触者、闺蜜圈子型、时尚知识学习型和大量转发的重度用户。具体描摹如下:

### 1. 博文魅力型

类型一有104人,是全部分类中人数最多的,该类成员的性别比例基本相当(50男,54女),其中公布真实姓名的5人占该类的4.8%。总的来看,类型一的成员在较短的微博使用年龄中,关注了较少的用户和话题,发布了较少的微博,但却设置了中等数量的标签,加入中等数量的微群,拥有中等数量的粉丝,粉丝中的男性比例54.4%,是所有类别中最高的(表2-3-1)。

表2-3-1 五个聚类关于所关注的人的男/女比例、粉丝的男/女比例的个案汇总

| 五个分类人群 | | 所关注的人的女性比例 | 所关注的人的男性比例 | 粉丝女性比例 | 粉丝男性比例 |
|---|---|---|---|---|---|
| 第一类 | N | 104 | 104 | 104 | 104 |
| | 均值 | .438 7 | .561 3 | .454 6 | .545 4 |
| 第二类 | N | 7 | 7 | 7 | 7 |
| | 均值 | .472 3 | .527 7 | .520 4 | .479 6 |

续表

| 五个分类人群 | | 所关注的人的女性比例 | 所关注的人的男性比例 | 粉丝女性比例 | 粉丝男性比例 |
|---|---|---|---|---|---|
| 第三类 | N | 81 | 81 | 81 | 81 |
| | 均值 | .632 0 | .368 0 | .637 6 | .361 3 |
| 第四类 | N | 1 | 1 | 1 | 1 |
| | 均值 | .422 0 | .578 0 | .544 0 | .456 0 |
| 第五类 | N | 1 | 1 | 1 | 1 |
| | 均值 | .404 0 | .596 0 | .515 0 | .485 0 |
| 总计 | N | 194 | 194 | 194 | 194 |
| | 均值 | .520 3 | .479 7 | .534 1 | .465 4 |

　　杨小朋、何跃在分析腾讯微博用户特征的时候引入"博文魅力指数"，用 MCI(the content's charm index of micro-blog 的缩写)表示：MCI＝听众数/博文数。他们认为，若发博数多，但听众数少，听众数/博文数的比值即 MCI 值小，博文不易引起他人的兴趣，说明博文魅力指数小。相反，若发博数少，但听众数多，MCI 值大，说明博文易引起其他人的兴趣，所以博文魅力指数大。[①] 腾讯微博中的"听众数"即为新浪微博中的"粉丝数"，"博文数"即"微博数"，双方只是叫法不同而已。

　　表 2-3-2 是 K-means 聚类后 5 个分类关注数、粉丝数和微博数的均值和中值情况。从表中可以看出，类型一成员的"博文魅力指数"无论是在均值上还是中值上都高于类型三、四、五(类型二的"博文魅力指数"很高，是因为他们中超过半数的成员通过 V 认证，关于类型二的分析见后文，这里不予赘述)，说明类型一在大多数普通用户(不加 V)中，粉丝数相对较多，MCI 值相对较大，博文易引起其他人的兴趣，所以这一类的成员博文魅力

---

①　杨小朋、何跃.腾讯微博用户的特征分析.情报杂志，2012(3)：84～87.

指数大。

**表 2-3-2    五个聚类关于关注数、粉丝数、微博数、博文魅力指数的个案汇总**

| 五个分类人群 | | 关注数 | 粉丝数 | 微博数 | 博文魅力指数 |
|---|---|---|---|---|---|
| 第一类 | N | 104 | 104 | 104 | |
| | 均值 | 280.51 | 1 050.47 | 1 654.52 | 0.63 |
| | 中值 | 204.5 | 400 | 1061 | 0.38 |
| 第二类 | N | 7 | 7 | 7 | |
| | 均值 | 1 549.86 | 41 767.71 | 6 368.71 | 6.56 |
| | 中值 | 1 862 | 12 865 | 3 940 | 3.27 |
| 第三类 | N | 81 | 81 | 81 | |
| | 均值 | 237.09 | 405.31 | 1 301.7 | 0.31 |
| | 中值 | 183 | 195 | 859 | 0.23 |
| 第四类 | N | 1 | 1 | 1 | |
| | 均值 | 1 910 | 1 181 | 15 187 | 0.08 |
| | 中值 | 1 910 | 1 181 | 15 187 | 0.08 |
| 第五类 | N | 1 | 1 | 1 | |
| | 均值 | 434 | 84 | 40 466 | 0.002 |
| | 中值 | 434 | 84 | 40 466 | 0.002 |
| 总计 | N | 194 | 194 | 194 | |
| | 均值 | 317.37 | 2 245.97 | 1 947.12 | 1.15 |
| | 中值 | 198 | 301 | 958 | 0.31 |

综上,命名类型一为"魅力一族"。

2. 时尚信息的接触者

类型二共 7 人,该类成员的性别比例基本相当(4 男,3 女),其中公布真实姓名的有 2 人。类型二的成员全部来自北上广。总的来看,类型二的成员有较长的微博使用年龄,关注了较多的用户和话题,设置了较多数量的标签,加入了较多的微群,发布了中等数量的微博,拥有很多的粉丝,虽然活跃粉丝率非常低。

从"微博风云"自动归纳的"兴趣领域"中发现,类型二的全部七个成员都涉及"时尚"和"摄影(或街拍)"两个领域,他们中有四人被新浪加 V 认证。从他们被认证的原因看,其中三人从事明显与时尚相关的工作,还有一位供职于公关咨询公司,但观其微博发现,他和他的同事常组织摄影、走秀,亦有关时尚。

对于类型二的加 V 用户来说,他们的关注数较大,但赢得了比关注数高十几甚至几百倍的粉丝数。每个微博都可以基于关注和粉丝两个方面形成自己的圈子,关注的人是你感兴趣并认为重要的人,粉丝则是那些认为你有趣的或重要的人。通过分析关注和粉丝人群类系的情况可以判断出该用户使用微博的主要目的及在微博上形成的人际关系情况。① 对于类型二中这部分加 V 的行业名人和企业高管,他们负责搜罗信息和把信息散布出去。对于类型二的非加 V 用户来说,其关注数、标签、微群、关注的话题数量均高于其他类型,代表他们对大范围的微博信息生产者的关注,平时接触大量信息。从这一点讲,类型二中,加 V 和不加 V 的用户是一样的,他们都是时尚信息的接触者。

3. 闺蜜圈子型

类型三共 81 人,是全部分类中人数第二多的一类,它和类型一代表了整个样本的主体,两种类型累加的人数占整本的 95.4%。该类成员以女性居多(20 男,61 女),公布真实姓名的有 1 人,占该类的 1.2%。总的来看,类型三的成员微博使用年龄居中,表现出了很多很低或较低的指标特征(如关注数、粉丝数、微博数、标签数、微群数、关注话题数、每日平均微博数),但拥有中等数量水平的活跃粉丝数。类型三的成员还拥有着五个分

① 喻国明等.微博:一种新传播形态的考察:影响力模型和社会性应用.北京:人民日报出版社,2011.

类中最高的"所关注的人中女性比例"和"粉丝中女性比例",均值分别高达63.2%和63.8%。

对于类型三人群的定义和解释,在随机抽取本类型三成员的微博阅读后发现,他们习惯在微博上和熟悉的小范围的圈子用户互动(因此活跃粉丝率相对较高)。尤其是类型三中绝大多数的女性用户,她们拥有小的闺蜜圈(因此关注对象和粉丝中女性的比例最高),较少参加微群,很少关注话题,这说明他们比较安于和小圈子的互动和交往,把微博当做小圈子相互增进感情的工具。故命名为"闺蜜圈子型"。

### 4. 时尚知识学习型

编号为32的用户是类型四的唯一成员。性别男,来自广东,3月25日生日,白羊座,未公布真实姓名。他关注了1910人,拥有粉丝1181人,发布微博15187条。拥有14个勋章,是微博高级达人,他每日平均微博数17.6人,微博原创率20%,活跃粉丝率90%,18—20点是他发微博最多的时间段,占全天发布比例的21%,在他所关注的人中,男性比例(57.8%)略高于女性(42.2%),在他的粉丝中,女性比例(54.4%)则要略高于男性(45.6%)。他给自己设定了很多的标签,加入了很多微群,关注了很多的话题。"微博风云"归纳他的"兴趣领域"是"时尚、电影、音乐、设计、艺术、摄影、创意、美食、广告、旅游、旅行、互联网、80后、媒体、香港"。使用微博27个月,是所有样本中使用微博最早的两个之一(使用最早的样本微博使用年龄28个月,新浪微博从2009年8月开始内测),编号为32的用户2010年2月就开始发布微博,是最早的一批使用者之一。

从对编号为32的用户的微博特征描述可以看到,类型四的用户与类型二的成员的微博特征有些相似,对与"时尚"相关的领域同样表示好感和关注,他和类型二成员的关注数、粉丝数、标签数、微群数、关注的话题数、微博的年龄都高于其他类型。不同之处有二:类型四的微博数(15187条)明显的高于类型二,无论是均值(6369.7条)还是中值(3940条);类型四的活跃粉丝率(91.1%)明显高于类型二,无论是均值(30%)还是中值

（10.6％）。

与类型五的用户相比，类型四更善于运用标签和微群的功能搜集、学习想要得到的知识，这些知识较为专一地集中"时尚、设计、广告"，其原创率（20％）比类型五（0％）高，转发微博的时候，他通常会加入自己的思考和评论，关注的人数更多。但类型四的用户很少在微博中谈及个人生活，很少与粉丝互动，其微博是较为单纯的获取学习信息型微博。故命名为"时尚知识学习型"。该类型虽仅有一位成员，由于我们择取的样本量较少，1/198 的比率在庞大的微博用户群中仍是一个较大的绝对数量。

5. 大量转发的重度用户

编号为 78 的用户是类型五的惟一成员。性别女，生于 1984 年 6 月 22 日，巨蟹座，未公布真实姓名。她关注了 434 人，拥有粉丝 84 人，发布微博 40466 条，其微博绝大多数都是基于他人微博的转发，抽样时间段内原创微博率为 0。她拥有 17 个勋章，不是微博达人，给自己设定了"实践者、乖乖女、野心家"三个标签，加入了"赵雅芝尚酷馆、蓝洁英"两个微群，关注"爱只喜欢真理"一个话题，微博年龄 11 个月，每日平均发布 73.4 条微博，活跃粉丝率 95.1％，集中在 9—10 点、11—12 点、12—13 点、13—14 点、15—16 点时段发布微博，其中 11—13 点时间段发布的微博占全天发布比例的 55％。她关注了更多的男性用户（59.6％），粉丝男女性比例几乎各占一半（女粉丝 51.5％，男粉丝 48.5％）。编号为 78 的用户在取样一个月的时间段里，每日平均微博数高达 73.4 条，这是她最突出的特征，故命名为"大量转发的重度用户"。

## 第四节　超级活跃粉丝的生活形态

在质化研究的部分，本节对 21 个超级活跃样本的"AIO"信息采用日志分析和质化解读。

## 一、超级活粉的 AIO 表现

### 1. 工作——关注职场

超级活粉较少在微博中谈论自己具体的工作内容,提及工作时大多抱怨一些不喜欢做的事情和发泄工作纷争导致的情绪。他们更关注职场,如职场忠告、职场故事、职场交际、生意经等。

### 2. 国内与国外旅行——香港最受欢迎

旅行方面,在一个月的日志取样时间内,样本用户最常去的是香港。这与米歇尔·舍瓦利耶的研究结论"中国香港是中国富裕人士最热门的旅游地点"相符合[1]。杨清山指出:"许多中国顾客往往以旅游者的身份在国外购买并带入国内消费奢侈品。这种奢侈品境外消费是中国奢侈品购买形态的一个特殊现象。"[2]据统计,中国每年至少有 3 000 万人次出境旅游。从 2003 年中国人均 GDP 实现千元美金开始,中国大陆游客成为香港市场的奢侈品购买主力,他们对以下品牌的购买贡献率是:浪琴表 80%、雷达表 77%、欧米茄 66%、巴宝莉 44%、登喜路 41%、万宝龙 28%、卡地亚 15%。

### 3. 消费——炫耀性消费

产品方面,本研究记录了超级活粉们提及的品牌和产品(表 2-4-1)。中国奢侈品消费者或潜在消费者已经或想要拥有的品牌和产品大多属于家居奢侈品和个人奢侈品(如电子产品或摄影器械、豪华轿车、美容奢侈品、化妆品、香水、奢侈服装和时尚配件、奢侈珠宝和手表),美国的奢侈品消费者购买最多的体验性奢侈品(如奢华旅行、豪华餐厅、剧院、音乐会、SPA,室内装潢等)却很少提及。[3] 张家平也发现了类似的现象,中国消费者购买的商品集

---

[1]　(法)米歇尔·舍瓦利耶、(法)热拉尔德·马扎罗夫、(中)卢晓. 奢侈品品牌管理. 上海:格致出版社,2008.

[2]　杨清山. 中国奢侈品本土战略. 北京:对外贸易大学出版社,2009:22-35.

[3]　Pamela N. Danziger. *Let them eat cake:Marketing luxury to the mass——As well as the classes*. Kaplan publishing,2005:2.37.

中在汽车、手表、服装上，与欧美国家消费者看重全家度假、旅游不同。他打了一个比方，是坐游艇遨游地中海还是买一辆宾利放在家门口，估计不少的中国消费者选择后者。① 这种被称为"人生奢侈"的消费方式，看重的是通过购买奢侈品的能力展现自己的人生价值。这种用来炫耀的奢侈被称为是初级奢侈享受。奢侈品消费在中国虽然发展迅速，但仍处于初级阶段。

表 2-4-1　超级活粉提及的品牌和产品

| 已买或正在使用的产品 | 想买或想要的产品 |
|---|---|
| 卡地亚桑托斯手表、白色 iPhone、LV 包、GUCCI 鞋子、LV 钱包、苹果电脑、东风日产骐达、大观天地柠卡王国、水游城游乐场、奥迪车、KFC、金轮、怡宝纯净水、巴宝莉衬衫、85 度 C 饮料、蓝莓手机、8900 ipad、Eagle-Hank 葡萄酒、手佳盲人按摩、美嘉欢乐影城、iphone、Jetstar 澳洲航空、ipad iphone/itouch、酒廊、演唱汇酒吧、二番煮酒吧、方跟高跟鞋、马佐酒吧、YICO 咖啡、Frey 飞瑞尔巧克力、iphone4S、Burberry、Burberry 丝巾、Prada 包包、希思黎化妆品、优之良品、宾格瑞香蕉味牛奶饮料、CIF 晶杰清洁剂、Coach 拉杆箱、Coach 鞋子、水、宝宝防晒霜、ZARA 童装垮裤、小米手机、ipad、iphone、周生生吊坠、Abercrombie&Fitch、小贝版 H&M、南航、MacBookPro、百威啤酒、肌水化妆水、阿迪达斯衣服、阿迪达斯鞋子、美黑霜、草绿色长裤、亮白亚麻衬衫、招财猫手链、itouch、Pad | 福特探索者汽车、多芬、Monster 魔声耳机、南方航空、必胜客、许留山甜品店、大众 L1 车、Frey 巧克力、诺基亚 Lumia 非凡系列、Dior 墨镜、卡地亚米诺戒指、Chanel 钻戒、Chanel J12 陶瓷腕表、全钻戒指、YSL 高跟鞋、RV 高跟鞋、Sub-crew 指甲油名表、湖州喜来登酒店、水宝宝防晒、红木家具、倩碧、Fancl 面膜、TOD'S 豆豆鞋、玛莎拉蒂车、Avril 香水、诺基亚 Lumia800、iphone4S、能控制其他苹果产品的苹果戒指、BVLGARI 男士香水、星巴克马克杯、G12 或微单相机、无印良品悬挂式小唱片机、佳能手提袋、Burberry 围巾、星巴克冰激凌、Cartier、玛丽黛佳眼线笔、壳牌超凡喜力、瑞丽的本子、周生生的吊坠、CrumplerT 恤、万宝龙笔、塞斯纳奖状系列飞机的模型、iphone5、小米手机、新一代MacBookPro、Burberry 包、Burberry 太阳镜、D&GT 恤、PradaT 恤、Burberry 手表、Burberry 服饰、蒂芙尼饰品、Burberry 的钱夹、iwatch 劳斯莱斯汽车、徕卡镜头、奔驰新 CLS |

---

① 　张家平.奢侈孕育品牌.上海：学林出版社,2007：2～13.

购物地点方面,超级活粉大多出入购物中心、品牌旗舰店,有的托朋友在境外代购,也有些人在网络上购物。

价格方面,超级活粉很少直接提及商品价钱,提及时多是在谈论所购买的奢侈品,仍是"炫耀性消费",说明这部分奢侈品消费者和潜在消费者仍处于初级享受阶段。

大多数超级活粉仍受促销方面的影响,他们也喜欢购买奢侈品时的赠品。

4. 运动——很少运动

超级活粉中的大多数都很少运动,在少数有运动习惯的用户中,羽毛球居多。

5. 家人与感情状况——单身

浏览了 21 位超级活粉在抽样期间的全部微博和评论后发现,他们之中只有 2 位已婚和生育了小孩,其余的 19 位中,有交往对象的不超过 3 人,单身是这部分人的主体,且单身的状况至少在将来一段时间内仍将持续。这与 Silverstein 的研究发现一致——"20 多岁有工作的单身一族使得他们比其他人更容易成为新奢侈品消费者,他们多是 20 多岁有工作的单身一族"[1]。虽然中国的奢侈品消费者和潜在消费者还停留在炫耀性消费的初级阶段,但"单身一族"在中西奢侈品消费者人群中所占的比例都很大。他们经常提及家人,最多的是父母,其中最常提及母亲。

6. 对休闲的关注——相信星座

几乎每个超级活粉都发布或转发过有关星座的微博,主要内容涉及星座运势、星座代表的性格和男女婚恋配对,反映了样本用户对星座不同程度的信赖。他们对出国旅行表现出很大的兴趣,希望去的地方包括伦敦、意大利、加拿大、澳大利亚、泰国。

---

[1]　Michael Silverstein & Neil Fiske. *Trading Up*: *the New American Luxury*. New York: Portfolio Press, 2003: 18~19, 91~92, 205.

7. 对食物的关注——酷爱甜点和星巴克

食物种类上，甜点（满记甜品、许留山甜品、哈根达斯等）和星巴克咖啡拥的提及率很高。星巴克（Starbucks）是美国一家连锁咖啡公司的名称，1971 年成立，为全球最大的咖啡连锁店。在《福克斯》的奢侈品排行榜上，20 世纪后期才创立的星巴克榜上有名。Michael 和 Neil 提出"新奢侈品"的营销战略，这一战略走的是完全相反的路线：将上层阶层的市场门槛做得更高，定价更高，从而赚取更高的利润。他们介绍了星巴克是如何诱使几乎整个国家的居民都愿意来支付普通咖啡的 2 倍、3 倍，甚至 4 倍的价格：打破在咖啡里加多少牛奶，放多少食糖的局限，而赋予咖啡无限的复杂性。① 星巴克给中国消费者带来的舒心、享受、小资的感受，一定程度代表了"我奢侈，我自豪"的生活方式。杨清山提到，21 世纪中产精英族的"小资七件事"，星巴克就排列其中。杨清山还指出，奢侈品消费者中有一部分人群还属于"偶尔奢侈一把"的消费型态，"他们把奢侈品消费心理建立在炫耀型消费层面的同时也在享受着奢侈品给他们带来的刺激和快乐"②。因此，不难解释，奢侈品消费群体或潜在消费群体中，星巴克成为他们日常最喜爱的去处。此外，甜点类的食品也深受他们的欢迎，几乎所有的用户样本都有发布食用甜点的微博，他们对以上两种食物都进行了较为积极的评价。

与在家就餐相比，样本用户更偏爱外出就餐。这基本符合 Michael 和 Neil 2003 年对美国中档市场消费者的研究发现："他们乐意多付钱购买那些在宜人的环境中提供的味道更好、外观更诱人的，能够和他们产生情感共鸣的产品。"外出用餐是关爱自己的表现，它让人感觉"尽兴""快乐""舒适""比较轻松""有档次"。同时，外出就餐也和个人风格相关联，一次从未有过的用餐经历让他们感觉"有成就感"，感觉自己像一个"有气派、有品味"的人。外出就餐还可以与自己生活中重要的人们进行人际交往，他们

---

① Michael Silverstein & Neil Fiske. *Trading Up: the New American Luxury*. New York: Portfolio Press, 2003.

② 杨清山. 中国奢侈品本土战略. 北京: 对外贸易大学出版社, 2009: 22~35.

把自己可支配现金中的最大一部分用在与朋友、家人、同事等的外出就餐上。此外，"独居家庭的不断增长是外出就餐增加的主导力量，这是因为单身们嫌麻烦不愿意自己做饭"。上面已提到，绝大多数超级活粉都是单身、未婚青年，他们工作繁忙，很少在家做饭，把外出就餐当作和朋友交际、放松心情、关爱自己的最好途径。

8. 对媒体的关注——多样化

奢侈品超级活粉接触多种媒体形式，如电视、网络（豆瓣、qq 空间）、杂志（《男士健康》等）、电影、手机应用（LV 应用、Facetime 等）。他们中的一些人看《生活大爆炸》等美剧和看国产电视剧《心术》。

9. 对自己的关注和评价——酷爱自拍，消极评价自身性格

绝大多数超级活粉在微博取样时间里都有拿手机自拍的经历，其中个别用户只拍身体或脸的一部分（如嘴巴和头发），其中两名比较明显的男同性恋用户喜欢拍自己的上半身裸照、腿和脚。

除了关注外表，他们有的还对自己的性格持消极评价，他们常常纠结和自省，"厌恶甚至憎恨自己的后知后觉"、"有时候想不明白事"、"自己给自己添堵"。

10. 对社会事件与政治的关注和评价——消极评价

杨清山谈到中产阶级（指中产脑力阶层）的标准时认为，"适度关心政治是不可或缺的"[①]。本研究中，超级活粉职业涵盖中产实业阶层、中产脑力阶层和学生，只有少数几个体现出"对政治的关注"，但他们对食品安全、机场被企业命名、油价上涨、环境污染、保护动物、救助疾病患儿和腐败等社会事件表达了强烈的关注，多数持消极的评价。

11. 对产品的关注和评价——积极评价

超级活粉对产品的大部分评价是积极的，少数消极评价，包括那些没人气的商场、小米手机的饥渴营销方式、当当网的网购等服务方式。

---

① 杨清山.中国奢侈品本土战略.北京：对外贸易大学出版社，2009：22～35.

## 二、超级活粉的生活还原——一段话描述

本节对 21 个超级活粉中的 19 个(有 2 个信息比较零散暂略去),就他们在微博上展示的生活型态用一段话进行描述,借以还原人物,以更丰富的方式展现奢侈品消费者或潜在消费者的生活形态(表 2-4-2)。

**表 2-4-2　对 19 个用户样本的一段话描述**

| | 一段话描述 |
|---|---|
| A | 现居南京,年龄 37 岁,已婚,女儿一岁多,猜测是某二手车业公司老板(之一),多金。他喜欢养狗、逛奢侈品商场,已经戒酒十几年了,不喜欢看国内篮球,对汽车,尤其是动力性能强的车十分着迷。很少出去旅游、度假和运动。接触网络和电影。偏爱奢侈品,自己承认是 LV 品牌产品的忠实粉丝,他拥有 LV 的挎包,钱包等,还给老婆购买 LV 的大号包数个。另外也拥有数双 GUCCI 的鞋子和一只 CARTIER 桑托斯的手表。他的奢侈品多数在南京当地奢侈品购物中心购买,少数托朋友从香港代购。他是 90 年代中期的手机拥有者,现在使用白色 iphone 和苹果电脑。不定期换车,现在开奥迪,老婆开东风日产骐达,基本看不出受促销影响。因为工作原因,经常帮朋友买车。很少运动。家庭方面,是传统的三口之家,猜测岳母与其同住,帮助抚养小孩,他很宠爱女儿,喜欢与女儿自拍,常带其去儿童游乐场玩,女儿的一举一动一点点成长常常让他挂心。相信星座和算命。他对食品安全、油价、停车位等社会问题关心且经常控诉和抱怨,但是依然对大排量的汽车持有好感。 |
| B | 现居南京,在上海呆过一段时间,大学毕业之后工作几年,年龄猜测 26 岁左右,未婚,疑似单身。在福特工程研究院工作,因为是外企,所以工作中用到英语,英文能力较好。喜欢听音乐,尤其是习惯用豆瓣听歌,偏爱欧美歌星和影星。爱车,懂车,尤其着迷福特探索者车型。对洋酒有爱好。喜欢边看手机边吃饭,经常吃快餐和星巴克星冰乐。喜欢玩切水果游戏。使用黑莓手机 8900。正在考驾照。经常参加微博活动、街旁集徽章活动,经常发布一些汽车广告,偶尔打篮球和羽毛球。经常提到妈妈,猜测与朋友在外合租房住。经常转发人生哲理勉励自己。 |

续表

| | 一段话描述 |
| --- | --- |
| C | 现居北京,猜测大学毕业后留在北京工作,30 岁左右,猜测未婚。烟民。五一期间和朋友去澳大利亚、香港旅游,还想去台湾个人游。Iphone用户,觉得 facetime 不好用。提及妈妈两次。对职场交际问题表示关注。觉得星座有些可信。常常会自省,认为自己乐观夹杂着悲观,对自己态度偏消极,经常想不明白事,有时觉得自己的想法可笑,鄙视自己,自己给自己添堵,生自己气时会找途经发泄。关注国际国内政治和经济事件,倡导公平。 |
| D | 现居天津,年龄猜测 26 左右,未婚,单身,经常和妈妈逛街,但是不和妈妈住在一起。喜欢三毛,喜欢萌猫,追美剧《吸血鬼日记》,生活中很大一部分的娱乐消遣是跟女性朋友去小酒吧小酌,喜欢吃甜食,尤其是哈根达斯、星巴克和草莓,也喜欢日式料理和收集麦当劳的杯子。很少提及工作。相信星座。喜欢自拍。关注房价和当地地铁的开通。不关心政治、经济、教育、文化等。 |
| E | 上海女,未婚,单身,渴望爱情,曾经在日本呆过一段时间,懂日语,迷恋日本的服装、饮食和文化。关注很多日本明星,偶尔跟朋友去 K 歌和 BBQ,迷恋 Frey 飞瑞尔巧克力,参加该品牌在微博上的营销活动,自己承认是其忠实粉丝。对日本时尚着迷,关注日本服饰、发型的当季搭配和流行颜色。看日本动画片和少数美国电影。特别爱自拍。对社会事件、政治、经济、教育、文化等不关心。 |
| F | 广西女,高中三年级学生。追星,迷恋罗志祥,小学时喜欢 SHE。想用有诺基亚 Lumia 非凡系列和 Dior 墨镜。有喝牛奶的习惯,如伊利优酸乳和伊利舒化奶。吃 KFC,有时会自己煮挂面。想吃星巴克抹茶粽子。她看过《泰坦尼克号》《罗马假日》,追《绯闻少女》,看动画片《海贼王》。用 QQ 空间。 |

续表

| | 一段话描述 |
|---|---|
| J | 成都女,爸妈都住在成都,大学毕业之后在四川网视工作几年,年龄猜测 27 岁左右。工作地点离家车程 2 小时,经常堵车,有时打车上班。对临时安排的采访任务表示抱怨,偶尔被领导安排去做新闻配音。喜欢收集东西不舍得扔,喜欢听欧美音乐,对佛教有好感。平时不怎么化妆,但是用希思黎的全套护肤品有 4 年了。偶尔 K 歌。过生日获得 ipone4S、Burberry 丝巾、Prada 包包等礼物。对能控制苹果其他产品的戒指很喜欢。时常网购。自己新拥有了一套房子,她给房子装了画、飘窗(书房)和墙纸(饭厅),但她对楼梯入户并不满意。拍了一张小区夜景的照片。相信星座,喜欢狗,想养猫,喜欢萌物。吃水果玉米、甜点、羊排、藏餐、星巴克等。喜欢在土豆网和 56 网上看视频,偶尔也看电视。对李谷一、宋丹丹有关注。偶尔自拍,但只拍脸的局部,觉得自己告别青春了。对一些社会事件表示关注。 |
| K | 上海女,猜测 26 岁左右,单身,疑似感情受挫后分手。广告从业者,猜测是设计师。经常加班,说自己一到工作时间就郁闷。杯子控,有喝咖啡的习惯,有时涂蓝色指甲。习惯听欧美音乐,尤其是意大利语歌。很少看国产电视剧,但是对张嘉译有好感。周末与朋友去浙江黄岩游玩。拥有 iphone,吃宾格瑞香蕉味牛奶饮料,喜欢雪糕和奶制品。对 BVLGARI 男士香水很熟悉。想买星巴克的马克杯,佳能 G12 或者微单相机。特别喜欢和想拥有无印良品的悬挂式小唱片机。偶尔去宜家购物和打羽毛球。偶尔提到妈妈和家人。对创意家居很感兴趣,尤其是飘窗。想去泰国和意大利。相信星座。想在锁骨位置纹身。经常和朋友去餐馆吃饭。偶尔看电影和跟着家人看一会电视剧。经常自拍,厌恶自己的后知后觉,感情受挫之后很伤心。关注蒙牛添加牛尿、寻人等一些社会事件。对优之良品的食品持积极态度。 |

续表

| | 一段话描述 |
|---|---|
| L | 上海女,猜测年龄 30 岁左右,单身,经常谈及培训、会议和值班。读《那些忧伤的年轻人》,有时去按摩。拥有 Coach 的拉杆箱和鞋子。对 Burberry 的产品抱有好感,但是看不出拥有。购物多在购物中心和网络。参与微博活动。有时提到妈妈,反对婚后跟公婆住。相信星座。喜欢吃甜品,如甜甜圈,满记甜品和星巴克冰激凌。经常看电视剧,如《金太郎的幸福生活》《心术》《甄嬛传》。经常使用 360 照片分享。有时自拍。偶尔对社会治安事件表示关注。 |
| M | 上海女,5 岁小男孩的妈妈,猜测在学校工作,每天有很长时间跟儿子(小葛)在一起,偶尔提起爸妈和外甥女,看不出提到老公。拥有 ipad、iphone、周生生吊坠、给儿子购买 ZARA 的童装垮裤。频繁参与微博活动和登陆糯米网、大众点评网等团购网站,对玛丽黛佳的眼线笔、珍珠项链、壳牌超凡喜力、瑞丽的本子、周生生的吊坠、Crumpler 的 T 恤及很多事物如干锅、酒吞料理、烤全鱼、甜甜圈等感兴趣。还去吃了宝来纳餐厅、点沁、佳家汤包、卡乐星、星巴克草莓豆奶、星冰棕、85C 的一颗柠檬、Pony 的蛋糕、食之秘甜点等,大多数时候带着儿子一起去吃。出入的地点大多如龙之梦、钱柜等购物中心和商场。她的儿子很喜欢在家玩玩具和玩 ipad、iphone 上的电子游戏。她相信星座,经常转发。她还经常带儿子去看电影,如《超级战舰》《复仇者联盟》。她偶尔关注汽油降价等社会事件,有时给星冰棕等产品以正面评价。 |
| N | 杭州男,年龄 29,未婚,渴望爱情,在航空公司贵宾处做接待工作。热爱航空事业。每年献血一次。在美国代购 A&F 衣服,买小贝版 H&M,想拥有万宝龙笔、塞斯纳奖状系列飞机、飞机模型等。时常参加微博活动。提到爸妈和逝去的外婆。爸爸是军人,他本人也想参军。他还想出国游,想去加拿大或者澳洲旅游。他吃浮力森林燕麦面包、KFC 和星巴克。有时看杂志。 |

续表

| | 一段话描述 |
|---|---|
| O | 30 岁,深圳人,现居北京,在北京工作。男同性恋,小攻。谈及工作较多,例如和 HR 吵架,CEO 来和解,经常熬夜加班,制作 PPT,开会,出差,部门考核等。喜欢唱歌,会去录音棚录歌,对张靓颖、萧敬腾、陈奕迅、曹轩宾有好感。有固定朋友团体,多为男性,会一起去看排球比赛。拥有 MacBook Pro 电脑和 iphone,喝百威啤酒,用肌水化妆水,常买阿迪达斯衣服和鞋子,常穿颜色鲜亮的服饰。开始尝试使用美黑产品。渴望拥有 iphone5、小米手机,新一代的 MacBook Pro、Burberry 的包包和太阳镜、D&G 和 Prada 的 T 恤。参与微博活动。非常喜欢打排球和看排球比赛,有时也打羽毛。相信星座。对性爱和美黑设备感兴趣。吃养乐多、满记甜品、COSTA 甜点、梦龙雪糕、日本料理、海鲜、麦当劳、KFC 和荔枝、杨梅。看《甄嬛传》,会用甄嬛体讲话。看湖南卫视。喜欢自拍,但只拍自己的腿和脚。对救助灾民感兴趣,对被免职的铁路部部长低调复出的社会事件持消极态度。关注一些商业事件,如雅虎 CEO 离职、马化腾谈产品开发持消息态度,关注顺风要建专用机场的新闻。对南航评价很好,相反对东航、三星手机和小米手机的饥渴营销持消极态度。 |
| P | 男,29 岁,上海人在宁波,单身,有颈椎病症状。爱好看足球赛,偶尔听欧美音乐和看书,读过《迷离》,吸烟,讨厌鞭炮声。对王石很有好感,对曾轶可有一定关注度。有时团购。提及父母,与妈妈感情良好。微博中用大量篇幅谈及有关新产品退出、品牌延伸、公益营销、公司形象、定价策略、品牌定位等与工作有关的信息和观点,也设计职场忠告。其中提到的大量例如 ZARA\H&M\可口可乐\MINI\强生\微软\IBM\Zappos\Virgin\Apple\小米\王老吉\汉堡王\伏特加\兰蔻\回力等品牌,都是用来描述观点,它们中的大部分是正面案例。他相信星座。偶尔自拍,只拍嘴巴和脖子的小部分。对救助贫血患儿等公益事件持积极态度,对机场改名、高三生打吊瓶和受贿时间表示关注。对商业信息很为关注,例如与股份、拍卖、楼市相关的新闻和事件。关心国家对于楼市的宏观调控。对谷歌图片持积极态度,相反对搜狗图片和当当网持消极态度。 |

续表

| | 一段话描述 |
|---|---|
| Q | 22岁,女,北方人,现居厦门,猜测和妈妈住在一起,在Burberry做销售工作。经常加班和追业绩,考勤很严。自己买精油按摩腿和脚,买招财猫手链。经常转发Burberry的包包、手表和服饰,渴望拥有。提到妈妈。偶尔转发有关销售的微博。偶尔想游泳、爬山、骑自行车,但是没有看到落实。相信星座。吃面线糊、套餐、合味道方便面,麦当劳香芋派,也去咖啡馆。经常看电视剧。经常自拍。对资助贫困山区儿童持积极态度。 |
| R | 上海女,15岁,中学生,美术生。喜欢出现在美剧里的欧美明星,听五月天、陈小春、莫文蔚的歌,喜欢拼拼图。偶尔和朋友打台球。拥有数部iphone4S,短时间内丢过四部,丢了之后妈妈会再给她买。有很多发夹,用itouch、乐敦眼药水和KT洗面奶。关注有关Burberry的产品,渴望拥有Burberry钱夹、礼服、鞋子等。也对蒂芙尼感兴趣。想有一个卡农的音乐盒。偶尔打羽毛球。经常提起妈妈,与妈妈的感情很好。吃争鲜寿司、MOCHI甜品和韩国烧烤等。喜欢看美剧,如《吸血鬼日记》《绯闻少女》《绝望的主妇》《生活大爆炸》《实习医生格蕾》等。经常自拍。 |
| S | 上海男,30岁,在交通银行工作,上外毕业,疑似单身。偶尔提及工作,彼德是boss之一。玩电脑游戏《暗黑3》,自己动手倒腾汽车部件,爱好艺术品鉴赏与投资、古典音乐、机械相机,是google粉丝,养狗。拥有iphone和微软的Pad,但是对它们并不满意。渴望拥有苹果公司还未上市的产品iwatch、劳斯莱斯汽车、徕卡镜头和奔驰新CLS。他觉得在google上班是很欢乐的一件事,"做金融交易要有慧根"。他想去博物馆,想去欧洲,尤其想去伦敦看奥运。提到一次星座,但是表示其说的不准。他很少提及食物,只是提到生鱼片和去咖啡馆,但是他很想去google食堂蹭饭。他看杂志、电视剧《心术》和中央六套,经常用PM2.5手机APP应用监测每日环境。他对腐败、视频安全等社会事件持消极态度,关心国际商业行为,关注物价上涨,但是并没有明显的积极和消极态度,但是倡导用投资的方式来做应对。他对google chrome浏览器等google的产品和安卓系统评价极高,对iphone和Pad持消极态度。 |

量化分析中将奢侈品活跃粉丝分成五类,其中,类型一"博文魅力型"中有 10 人是超级活粉,类型二"时尚信息的接触者"中有 1 人,类型三"闺蜜圈子型"中有 9 人是超级活粉,类型四"时尚知识学习型"和类型五"大量转发的重度用户"都没有超级活粉样本。

相对于类型一"博文魅力型",类型三"闺蜜圈子型"更常提及想买或想要产品。"博文魅力型"对职场、休闲的关注,对社会事件、产品的消极评价则更多。类型三"闺蜜圈子型"中女性居多,Michael 和 Neil 指出"女性是新奢侈品消费者中的主力军",同时,"年轻的单身女性对经济的影响不只是美国所特有的现象"。他们分析这种现象的原因是"女性总是有一种判断物品价值的特殊能力,她们特别善于判断占据了零售市场主体地位的物品的价值,她们能够深刻地理解商品中所包含的复杂的情感意义和社会意义",而且,"女性消费者从非常小的年龄就开始对品牌色彩、设计的细微之处、制造以及包装方面所包含的微妙的信息十分敏感"①。相比于"博文魅力型","闺蜜圈子型"更常在她们的闺蜜圈子里相互讨论、切磋想要拥有的产品。

"博文魅力型"是男性比例最高的群体,他们拥有着一定的标签数量,加入一定数量的微群,用较少的微博数吸引了相对较多的粉丝,他们的男性粉丝比例也是所有类型中最大的。他们关注的范围远远大于以女性群体为主的"闺蜜圈子型",尤其关注体育、旅游等休闲项目,有参与其中的愿望,对时事和产品也更有研究,更易给出消极评价。

## 第五节　研究局限与未来展望

本篇虽然取得一些成果,基本达到研究目的,但是由于本研究的探索

---

① Michael Silverstein & Neil Fiske. *Trading Up：the New American Luxury*. New York：Portfolio Press,2003.

性质,加上研究者自身经验和知识等的不足,尚存在很多局限。本节主要介绍研究局限及下一步的研究建议。

## 一、研究局限

本研究利用微博这一平台,试图从侧面呈现中国奢侈品消费者或潜在消费者的生活形态,由于研究条件的限制,存在以下局限:

1. 奢侈品微博粉丝与现实生活中的奢侈品购买群有较大差距

本篇所抽取的奢侈品官方微博的活跃粉丝样本,与现实生活中奢侈品购买者仍有较大差别,这与微博这一社交媒体平台的性质有关——用户年龄的偏年轻化,样本用户中更多是未来的潜在消费者,未能采集到大资产阶层组成的"富豪阶层"样本用户。

2. 部分变量缺失严重

"粉丝微博特征信息"的一些变量缺失严重,如在各自的微博首页中透露年龄或出生日期的只有 33.4%,透露教育程度的只有 26.2%。除了通过新浪认证的加 V 用户,样本用户明显透露个人职业的情况也很少见。

3. 非结构数据解读的主观性

我们结合内容分析的方式,建立了类似于编码框的 AIO 框架,但由于解读过程的主观性及个人理解的不同,要采取严格的内容分析法耗时耗力,且编码者间的信度很低。因此,本研究建立了分析框架,使得日志的解读在内容上保持一致性,但在具体意义的解读方面仍然可能仁者见仁、智者见智。

## 二、对研究的展望

鉴于以上的研究不足及局限,考虑到有些局限是借助微博这一平台进行研究所固有的,如样本用户中无法接纳富豪阶层,研究者尝试提出可行性较强的建议:

1. 尝试结合奢侈品粉丝的线上日志分析与线下行为观察

本研究所解读的只是奢侈品粉丝微博上愿意曝光出来的行为和看法，未来的研究可以从个案观察入手，结合线上日志分析与线下的行为观察，以验证"线上还原"的可靠性。粉丝们在线上说的和他们实际生活中所做的，是一样的吗？这需要人类学田野观察式的研究。

2. 寻找关键的变量指标

本研究已经探索并发现一些关键的变量指标，但还远远不够。在社交媒体上，用户的资料总是残缺不全，如果能够发现一些关键的变量就可以籍以推断那些资料不全的用户行为特征。推断过程尤其要注意，那些缺失的资料会影响推论吗？举个例子来说，从"愿意透露个人职业信息的人"中分析出来的结论，能够合理地应用到"不愿意透露个人职业信息的人"当中么？

3. 吸取人文学科的营养，深化解读

主观是解读过程中不可避免的，而类似内容分析的量化研究在实际工作中几乎不可行，其结论也浅显，无法满足现代商业应用的需要。不如鼓励主观，往深度解读的方向发展。通过深度的解读，挖掘出一些消费者洞察，佐以商业化前的测试，会更有效率地推进社交媒体大数据时代的应用。

第3篇

杜蕾斯官方微博活跃粉丝群研究

## 第一节　企业背景与微博简介

　　时下最热的媒体是社交媒体,微博营销、微信营销扑天盖地而来,然而,真正成功,被业界当作案例广为研究的,莫过于杜蕾斯的微博营销。在其新浪官方微博上,杜蕾斯这样介绍自己:"全球知名的性健康品牌杜蕾斯品牌(Durex)诞生于1929年,名称源自三个英文单词的组合:耐久(Durability)、可靠(Reliability)、优良(Excellence)。历经近百年时间考验,杜蕾斯已经成为卓越品质的代名词,深受全球消费者信赖。"她把自己的微博标签定义为"内涵 最粉丝 新至尊超薄 亲密0距离 创意无限 安全放心 世界第一 大胆爱 尽情尽性"。截止2013年8月6日,其粉丝数已达81万,发布微博9 000余条,微博风云估计其微博价值约451万。

　　在百度上搜索杜蕾斯微博营销,有很多文章。人们津津乐道于她是如何后来居上,远超其竞争对手杰士邦,创造微博营销的奇迹。举个例子来说,2011年6月23日北京暴雨,下午下班时间雨越下越大,地铁站积水关闭,全城大堵车,很多人回不了家,这意味着他们只能在微博上消磨时间。杜蕾斯官微运营团队想出了把杜蕾斯套在鞋上避免鞋子泡水的idea并配发了图片,2分钟后帖子迅速扩散。5分钟之后,杜蕾斯官方微博发表评论:"粉丝油菜花啊!大家赶紧学起来!!有杜蕾斯回家不湿鞋～。"短短20分钟,杜蕾斯已成为新浪微博一小时热门榜第一名,当晚24点转发更近6 000条。据统计,杜蕾斯此次微博传播覆盖至少5 000万新浪用户。*China Daily*甚至将这一事件评为最有代表性的社交媒体营销案例之一。①

---

　　① 广告班的日志.@杜蕾斯官方微博的秘密____满大街都是 TT 的灵异事件. http://blog. renren. com/share/264924409/9205100216.

正是借助北京暴雨的杜蕾斯鞋套、@作业本"怀孕"事件、蓝精灵儿歌等热门事件,杜蕾斯官方微博的粉丝数猛增,其线下销售额亦蒸蒸日上。据 AC 尼尔森的统计,杜蕾斯 2011 年销售额增长超过 50％。经销商们说,144 字的微博对销量增长的贡献不可小觑。然而,对杜蕾斯微博的运营团队而言,重点不在这些营销技巧和内容创意,微博的重大意义在于:"它将影响未来的商业模型和企业结构,未来,微博或许将成为企业的运营核心。"①

杜蕾斯官方微博运营团队据说只有 20 人左右,他们是如何有效管理这么庞大的粉丝群,创造一次又一次的传播奇迹呢?本篇不介绍杜蕾斯官方微博的营销表层做法,而试图深入挖掘其后台运作,尝试分析其庞大的粉丝群,据以做出营销决策与建议。利洁时家化(杜蕾斯隶属旗下品牌)微博营销市场经理陈慧菱为读者解读杜蕾斯的微博营销,指出:"杜蕾斯希望通过微博营销让品牌更加亲切,和消费者更加亲近。与消费者互动最关键的一点就是要学会聆听。微博营销的好处在于可以迅速得知消费者的反馈,可以迅速做出反应。企业和品牌要放下身段,倾听消费者的心声。对于微博营销来讲:有'人味'是很重要的。"②既然要以"交朋友"的方式来经营粉丝群,对粉丝的研究分析就必不可少。

截止 2013 年 8 月 6 日,微博风云上有关杜蕾斯官方微博的一些数据。目前,杜蕾斯新浪微博每天约发布微博 10 条,微博原创率高达 95％,活跃粉丝率达 38.7％,认证的粉丝数量超过 24 万。其最近常提到的关键词包括"杜杜 粉丝 人生 男人 杜蕾斯 妹子 性爱 时间 爱情 女人",关注的粉丝有 1 026 个,其中多数是微博上有影响力的人,这些人中约有 80％粉丝数达到 1 万以上,注册天数几乎都在 500 天以上,分布

① 樊婧.杜蕾斯诱惑:火爆官方微博后台运作揭密.环球企业家,2011-11-07. http://finance. sina. com. cn/leadership/mroll/20111107/121310767@61. shtml

② 周再宇. 杜蕾斯数字营销解码. 2011-10-01. http://www. ebusinessreview. cn/articledetail-102815. html

以北上广为主,男性约占 75%。

## 第二节　抽样说明

　　杜蕾斯新浪官方微博的粉丝数量庞大,且其官方微博仅提供前 50 页的粉丝,这有限的 50 页粉丝中有很多僵尸粉、不活跃粉丝。考虑到研究对象是那些在微博上活跃的粉丝,尤其是在与品牌的互动方面比较活跃的粉丝,最终确定从杜蕾斯微博的评论中抽取粉丝样本。抽取时看这个人的粉丝数、微博数等指标,验证其是否活跃。最终抽取出 209 个活跃粉丝样本。

## 第三节　基于微博发布时间的分群描摹

　　基于粉丝样本发布微博的时间,即发布习惯,对 209 个样本进行多次聚类尝试,结合其他微博特征与 AIO 信息,经过讨论,确定分成以下五种人群。

### 一、作息规律、闲暇发微博群体

　　发微博时间特征:0 点到 6 点的发微博率很低,2 点到 17 点的发微博率次低,一天有两个发微博的高峰,一个是 22 点前后,次高峰是 12 点前后。

　　第一类群体共同点:作息比较规律,年轻人,关注时事,文艺,情感细腻,恋爱中或是渴望爱情。图 3-3-1 将第一类群体中每个个体发布微博的时间都标了出来(人数少时可这样标识),通过线条的密疏和波动直观呈现这个群体发布微博的习惯。

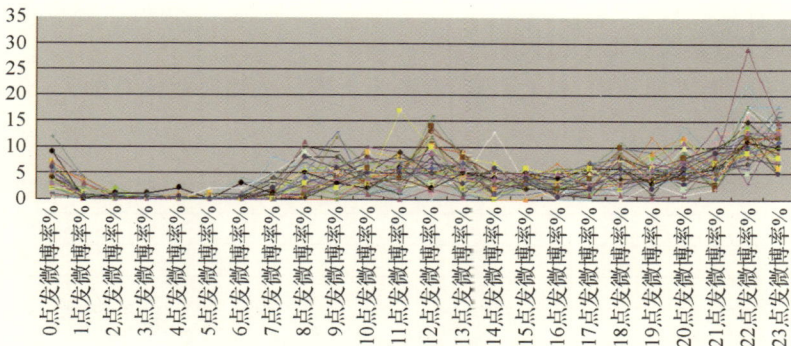

图 3-3-1　第一类群体发布微博习惯

## 二、夜猫子型、社交媒体依赖群体

发微博时间特征:8 点到 22 点的发微博率与其他分群差不多,23 点、0 点进入高峰期,直到凌晨 4 点、5 点发微博频率才降低。一天中各个时段都在刷微博,频率很高(图 3-3-2)。

第二类人群共同点:常在微博谈及工作,美食,流行,能接受较为开放的话题,和朋友较多互动。

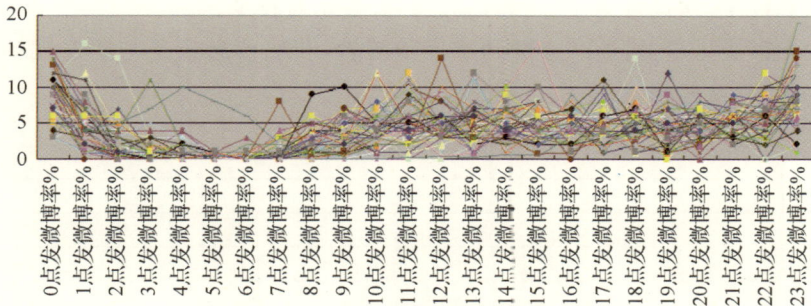

图 3-3-2　第二类群体发布微博习惯

## 三、上班时间活跃族

发微博时间特征:0 点到 6 点的发博率很低,8 点到 16 点为发微博率最高的时间段,17点开始减少,18点更少,19点到23点是发微博率次高的时间段,但明显低于白天时间段。

第三类人群共同点:上班族、商务人士或是关注商业信息的人,会对时事发表自己观点。

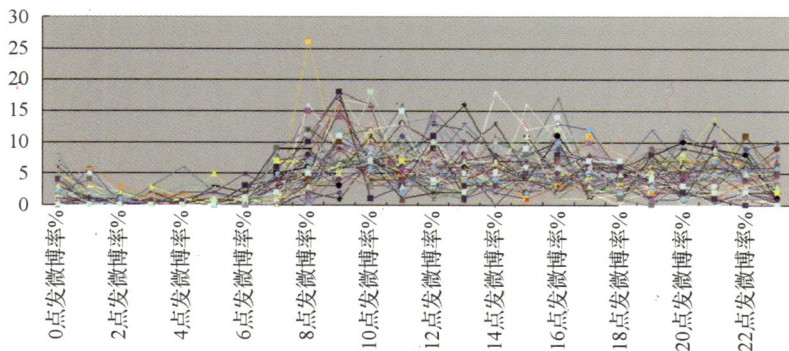

图 3-3-3　第三类群体发布微博习惯

## 四、白天型社交媒体依赖者

发微博时间特征:凌晨1点到5点的发博率几乎为零,18点是一天中发博高峰期,次高峰为12点和22点。人数相对较少。

第四类人群共同点:互联网重度依赖者,获取信息或是与朋友互动或是购物,喜欢吐槽,但其实自我感觉良好。

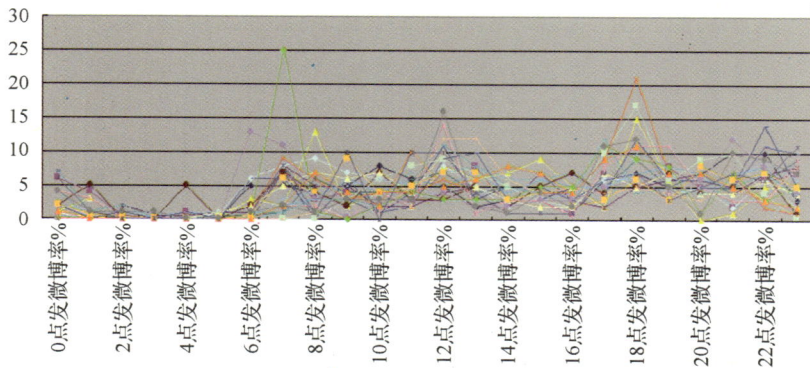

图 3-3-4　第四类群体发布微博习惯

## 五、生活型普通大众

发微博时间特征：19点到22点为发微博高峰期，白天从6点到16点的发博率持平，凌晨2点到5点发博率几乎为零。

第五类人群共同点：对热点时事关注较少，微博内容较为生活化，生活方式新潮。

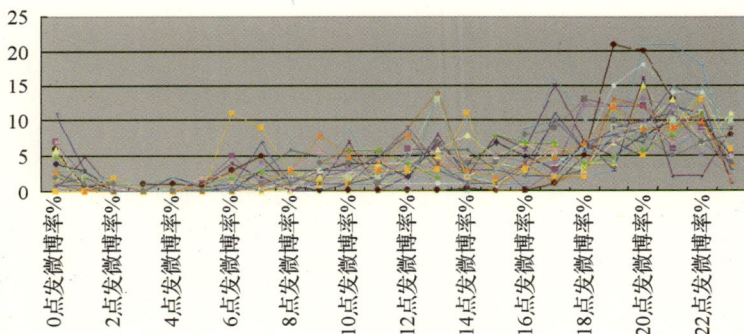

**图 3-3-5　第五类群体发布微博习惯**

针对这五类人群，我们尝试做出以下的可视化图形：

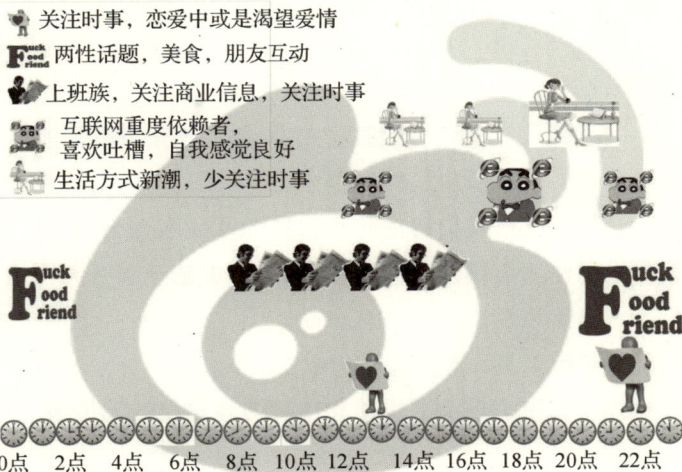

**图 3-3-6　五类人群可视化图形**

针对这五类人群的发博习惯,我们尝试给杜蕾斯微博以下建议:

杜蕾斯的微博应该侧重在与粉丝的互动中有针对性。在各类粉丝的活跃时间在微博上发布他们相应的感兴趣的内容,具体来说:

(1)0—3点,可发布两性话题的微博。

(2)3—6点,可不发布微博。

(3)7—8点,可发布与产品或品牌相互关联的上班、商业信息或者时事热点信息。

(4)8—11点,可发布与工作、美食相关的内容。

(5)12点前后,可发布与美食相关的内容以及时事热点。

(6)13—17点,可发布可供朋友间互动的内容或是与上班相关的内容。

(7)18点前后,可发布吐槽的段子,可供朋友之间互动的内容。

(8)19—20点,可发布美食相关的内容,以及新潮的生活方式的内容。这时候如果要发布时事热点,最好是与生活相关的内容。

(9)21—23点,可发布与爱情相关的微博,温馨文艺的小故事,以及可与男女朋友互动的微博。

以上只是对杜蕾斯应该在什么时间段发布什么类型的微博提出建议,微博的内容应该与杜蕾斯挂钩,可延续现在幽默风趣的语言风格。

## 第四节　基于微博发布平台的分群描摹

经过多种聚类尝试,我们最终将杜蕾斯粉丝样本分为以下三类人:

类别一:主要使用电脑发布微博动态,包括电脑端和分享网站类。

类别二:主要使用手机及平板客户端。

类别三:发微博工具无特殊偏好,均匀分布。

在本样本中,使用手机及平板类移动微博客户端的人最多。

使用不同发微博工具的人数

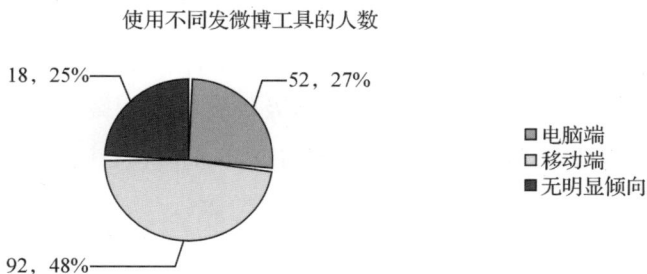

图 3-4-1　基于微博发布平台的分群

　　阅读 209 个样本的标签和兴趣,结合 AIO 用户的微博内容,发现使用移动端的人,在标签和兴趣及关键词当中,涉及"户外运动""旅游""运动"以及进行户外活动的比例更高。他们很多有固定运动习惯,表达了很多旅游的愿景。

　　基于这些分析,我们尝试对杜蕾斯微博运营提出如下建议:

　　首先,以移动端作为发微博工具的人是占比最高的,针对这部分移动端爱运动爱旅游的杜杜粉,推出具有运动或者旅游风格的产品包装,或者推出微博"旅游地与杜杜"等可以引起关注的话题。

　　其次,由于这部分人偏爱移动端的应用,因此杜蕾斯可以向这部分人推荐微信 APP,杜蕾斯目前对微信的应用开发仍在初期阶段,管理并不完善,而微信 APP 使用 O2O 模式,对话更私人,可以更有效地提高销售转化率。

　　最后,杜蕾斯目前的微博经常发紧跟时代潮流的重口内容,利用套套这一物件,他们完全可以开发类似小游戏的 APP,结合套套这一形象,小游戏很红火,例如"蠢蠢的死法",虽然简单,却吸引人,可以赢得更多的关注。

## 第五节　杜蕾斯微博粉丝主要地域分布

　　综合粉丝数量与活跃程度,发现杜蕾斯最有价值的粉丝在如下地区:

## 1. 上海

粉丝数量虽然与北京地区和广东地区持平,但活跃程度是所有地区中最高的,该地区粉丝在互动、转发评论以及维持杜蕾斯微博的整体活跃方面有重要的意义;上海地区经济比较发达,消费能力高,注重这个群体将会对销售有帮助。

## 2. 江浙一带

粉丝数量没有北上广多,但也是杜蕾斯活跃粉丝群的主力军。

## 3. 华南地区

包括广东与福建,粉丝数量是主要关注点,活跃度次于江浙地区,综合而言价值度较高。

## 4. 北京

整个北方地区,由于使用习惯和文化开放度的问题,活跃粉丝量较少。只有北京由于人数多因而活跃粉丝数量在北方比较突出,可以作为在北方拓宽粉丝数量的重要基地。

图 3-5-1　杜蕾斯微博粉丝主要地域分布

综合上述分析,我们对杜蕾斯的官方微博提出以下建议:

首先,在进行有奖互动时注意考虑地域分布,重要地域多设置互动环节或者礼物赠送,以保持和提升粉丝的忠诚与活跃度。其次,在微博内容方面,有关地域和文化的内容可以适当偏向重要地区的粉丝。例如:清明节杜杜发现各地的传统饮食都不一样,据说江浙一带的人们会吃青团(配上青团的照片)其他地方的你呢? 你们的传统是什么? 这样内容可以唤起家乡的情结,增加转发量。

## 第六节 粉丝星座分析

抽取的 209 名活跃粉丝中有记录星座信息的达 160 名,超过粉丝数的 3/4,占粉丝总数的 76.56%。其中,在个性签名、标签或关键词中出现过个人星座的有 75 名,占到粉丝总数的 35.88%,超过 1/3。可见,星座是杜蕾斯大部分粉丝较为关注的话题,可以推测星座这一亚文化对杜蕾斯多数粉丝的兴趣爱好,生活方式等均有较大的影响,星座营销可为杜蕾斯所用。

对 75 位在描述中使用到星座的粉丝进行分析,发现这些星座徒群体的特点如下。

### 一、星座徒的 AIO 分析

表 3-6-1 星座徒 AIO 信息

| | | |
|---|---|---|
| A | 工作 | 身份以学生为主,多在学习或实习 |
| | 爱好 | 萌物、新潮、追星 |
| | 娱乐 | 文娱体育娱乐众多,电影、音乐为主 |
| | 其他 | 社交少,外出不多,有一定的社区活动,品牌提及少 |

续表

| | | |
|---|---|---|
| I | 家庭 | 对家人有一定的关心 |
| | 兴趣 | 兴趣广泛,尤其对电影、音乐、综艺感兴趣 |
| | 食物 | 吃货,对各类美食表现很大的兴趣和欲望 |
| | 时事 | 关注最新的影响较大的热点问题,发表一定的言论 |
| | 情感 | 渴望爱情,期待真爱 |
| | 其他 | 参加一定的社交活动,比较时尚,习惯使用新媒体尤其移动媒体,对自己完成的成功事物表达出自信情绪 |
| O | 外表 | 关注自己的外表 |
| | 社会热点 | 对各类社会热点有较大的关注度 |
| | 评论 | 主要在政治、文化上发表个人意见 |

## 二、微博风云中星座徒的信息

表 3-6-2　星座徒微博特征

| | |
|---|---|
| 年龄 | 80,90 后 |
| 职业 | 高中生、大学生、年轻白领 |
| 状态 | 爱分享,生活派,感性派 |
| 标签 | 美食,时尚,星座,兴趣,明星 |
| 兴趣 | 音乐,电影,星座,美食,旅游 |
| 个性 | 有明显的个性特点,喜爱新奇事物 |
| 活跃 | 活跃度高,平均活跃度在836天左右 |
| 原创率 | 原创率高,平均38.70% |
| 勋章数 | 平均勋章数27.3,较为活跃 |
| 头像 | 平均头像数在16.5,且多有真人头像 |
| 配图 | 平均配图在321.1,喜爱分享图像 |
| 发微时间 | 集中在中午和午夜时段较多 |

### 三、星座徒的星座相关微博内容

表 3-6-3　星座徒星座相关微博内容

| 1 | 最星座 | EG：最花心的星座：1 射手　2 双子　3 双鱼 |
|---|--------|------------------------------------------|
| 2 | 性格分析 | EG：双子座人格分裂；狮子座控制欲强 |
| 3 | 星座配对 | EG：巨蟹 & 天蝎；射手 & 双子；处女 & 金牛 |
| 4 | 星座运势 | EG：6 月摩羯会 XXX |
| 5 | 幸运物件 | EG：十二星座幸运石、桃花日… |

综上所述，星座徒喜爱但不尽迷信星座亚文化，容易将自己的性格和运气与星座相挂钩，愿意根据星座的运势、配对等来调整生活和人际交往。较为感性，喜爱新奇事物，乐于展示自我，有个性。喜爱音乐、电影、旅游等活动，吃货、萌物、新潮，多为 80 后 90 后的学生和白领，乐于分享，微博活跃度高。渴望真爱，关注生活和周围的环境，敢于发表个人意见。

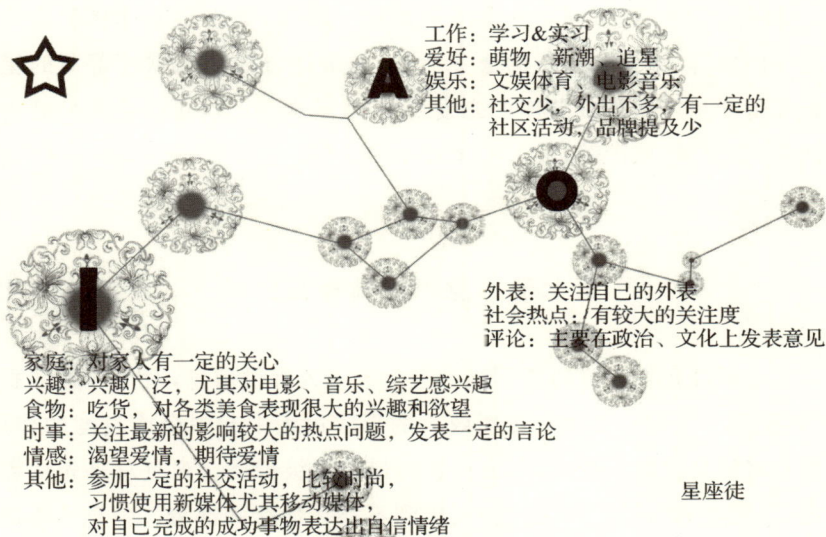

工作：学习&实习
爱好：萌物、新潮、追星
娱乐：文娱体育、电影音乐
其他：社交少，外出不多，有一定的
　　　社区活动，品牌提及少

外表：关注自己的外表
社会热点：有较大的关注度
评论：主要在政治、文化上发表意见

家庭：对家人有一定的关心
兴趣：兴趣广泛，尤其对电影、音乐、综艺感兴趣
食物：吃货，对各类美食表现很大的兴趣和欲望
时事：关注最新的影响较大的热点问题，发表一定的言论
情感：渴望爱情，期待爱情
其他：参加一定的社交活动，比较时尚，
　　　习惯使用新媒体尤其移动媒体，
　　　对自己完成的成功事物表达出自信情绪

星座徒

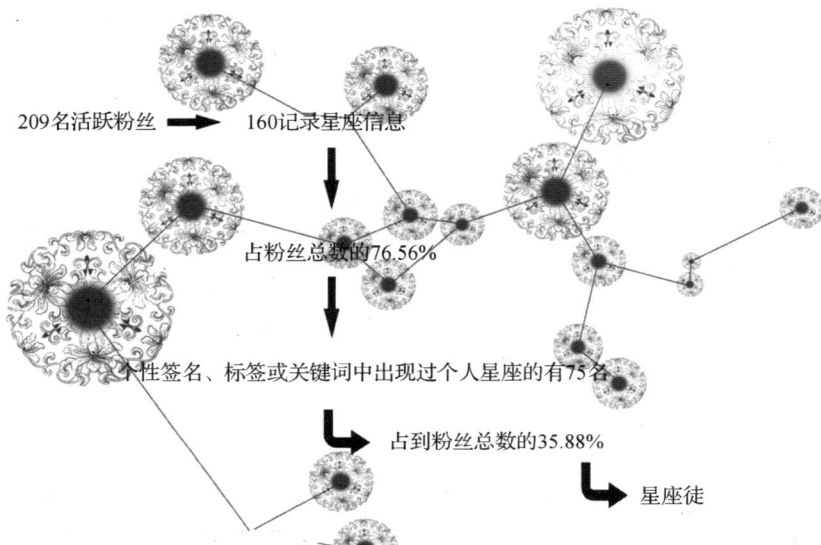

209名活跃粉丝 → 160记录星座信息

占粉丝总数的76.56%

个性签名、标签或关键词中出现过个人星座的有75名

占到粉丝总数的35.88%

星座徒

**图 3-6-1　星座徒信息图示**

微博运营中,杜蕾斯应该瞄准利用这一群体,推出星座性格和运势方面的微博内容,结合杜蕾斯的公关活动,如最适合使用某款杜蕾斯的星座或者杜蕾斯星座系列或星座的恋爱 XXOO 宝典等。也可结合他们感兴趣的话题,如音乐、旅游等,吸引粉丝转发和分享。

## 第七节　意见领袖特征分析

意见领袖指在人际传播网络中经常为他人提供信息,对他人施加影响的"活跃分子",他们在大众传播效果的形成过程中起中介或过滤的作用,由他们将信息扩散给受众,形成信息传递的两级传播。观点总是先从媒体传向"意见领袖",然后再由这些人传到不那么活跃的部分。信息的传递是按照"媒介—意见领袖—受众"两级传播模式进行。

参照传播学者拉扎斯菲尔德的标准,意见领袖有六点特征:习性相近,社会地位较高,教育程度较高,信用较好,个性,创新。以上 6 个标准并非都需要满足,满足其中几条或者在某一条上特别突出都可能成为意见领袖。这些标准可用于寻找杜蕾斯微博粉丝中的意见领袖。

## 一、相关性分析法

希望能找到甄别意见领袖的关键变量,这里选取关注数、粉丝数、互动率、近一周微博数、总微博数、评论数和转发数这七个与微博传播明显相关的变量进行相关分析,结果如下:

表 3-7-1　相关系数表

| 关键变量 | 相关系数 | 相关性 |
| --- | --- | --- |
| 关注数——近一周微博数 | 0.301 | 显著相关 |
| 粉丝数——近一周微博数 | 0.233 | 显著相关 |
| 粉丝数——评论数 | 0.289 | 显著相关 |
| 粉丝数——转发数 | 0.438 | 显著相关 |
| 评论数——近一周微博数 | −0.163 | 显著相关 |
| 评论数——转发数 | 0.278 | 显著相关 |
| 总微博数——近一周微博数 | 0.552 | 显著相关 |

根据现实情况,通常意见领袖较为活跃,发言较多。但总微博数只与近一周微博数有显著正相关,评论数、转发数、粉丝数以及关注数这些指标与总微博数都不存在相关性。近一周微博数与评论数甚至呈负相关关系。看来,单纯用这些微博影响力相关的变量,还难以找出甄别意见领袖的关键变量。

## 二、转发节点法

这是利用微博分析工具"知微"对转发节点进行分析,利用这种方式可以清晰呈现二次转发的节点,找出意见领袖(图 3-7-1)。

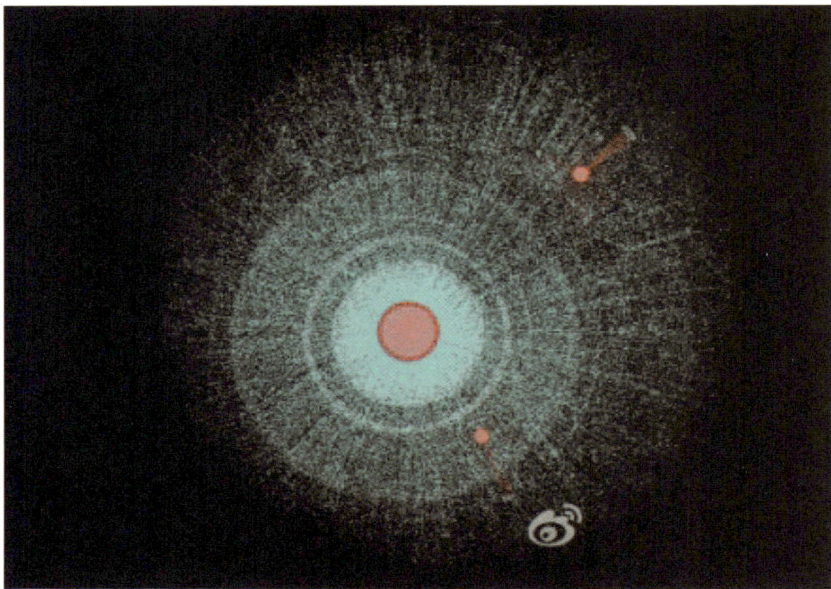

**图 3-7-1　转发节点图**

这是一次两万次的转发节点图,红色区域为原微博,其他两个红点为引发第二次转发的意见领袖。

现在许多人对于微博常常是"只看不转",针对这一点,微博已经推出"阅读数量"的功能,可以知道某条微博被多少人阅读过。

因此,类似"转发节点分析"的功能可以延伸出"在一个转发节点微博被多少人阅读"的新功能,这样来找意见领袖会更为科学。

### 三、转发字数法

采用微博传播相关变量来找意见领袖,较难以做到。我们回到微博本身去观察意见领袖与普通人的微博之间的差异,发现,意见领袖转发微博时通常会评价转发内容,表达自己的观点,因此转发时评价的内容字数较多。普通人转发时通常只是以一个表情或一两句话来评价转发内容。由此,我们提炼另一个数据化指标:转发时,评价在一定字数之上,认为是意见领袖;评价在一定字数之内,或使用一定数量的表情等,可认定是普通大众。

建议企业微博的管理者结合使用以上指标,采用孤立的指标甄别意见领袖会产生较大偏差。

就杜蕾斯活跃粉丝群的研究而言,我们还进行过一些有趣的分析,由于想法还不太成熟,有些结果暂时还无法解读,本篇选取了以上部分内容刊登。由于社交媒体的研究有很强的时效性,本书所写的内容尚未经过精雕细琢,难免粗糙,恳请读者批评指正! 最后,感谢我的研究生助理张敏同学对本书所做的最后校正!

# 后 记

本书的作者名单:林升栋、宋玉蓉、梁玉麒、赵成栋、高尚、翁路易、李光媛、欧阳张蓓、吴蓉蓉、夏英英、高山晶、邵舒、刘雅梦、李新宇、李睿和李昕霖。本书作者的联系电邮:lincook@163.com,欢迎各种建议、交流与批评!